中澤正七

北陸女学校と北陸伝道にささげた生涯

楠本史郎

日本キリスト教団出版局

はじめに

北陸学院　理事長・学院長　楠本 史郎

北陸学院中学校と高等学校の礼拝堂、栄光館の前に、胸像があります。北陸学院の前身、北陸女学校第十代校長であった中澤正七《なかざわしょうしち》先生のものです（以下では敬称を省略します）。北陸学院で唯一の銅像です。キリスト教の学校で銅像を見ることはあまりありません。学校の中心は主イエス・キリストであって、人間ではないからです。この胸像は、中澤の召天直後、北陸女学校理事会が、制作することを決定しました。実際には、北陸学院同窓会が切に願い、募金して建てられました。それほど、生徒たちから慕われた先生でした。

けれども中澤は、若いとき、自分がどの道を進むべきか迷い、悩みました。小さい頃から絵を描くのが上手でした。美術を学び、絵描きになろうかと思ったそうです。また土佐、今の高知県の出身でした。同郷の志士である坂本龍馬にあこがれ、政治家になって国を動かしたいとも思いました。世界を広く知りたいので、英語や英文学を学ぼうとしました。そこで、東京の大学に入り、英語を勉強しました。けれども、すでに高知で教会に通い、洗礼を受けてキリスト者となっていました。そこで、イエス・キリストを人々に伝える教会の牧師、伝道者になろうとしました。神学部に入学し、教会でも働きました。しかし牧師として立つ決心がつきません。そこで旧制の中学校、今の高等学校の先生になり、英語を教えました。それから金沢の北陸女学校へと誘われ、ようやく道が決まったのです。

中澤は、進路に戸惑い、迷いつづけました。長男に耕一郎という名前を付けています。それは、せめて息子だけは、一つのことに集中して耕す人になってほしいと願ったからだそうです（『おもかげ　校長 中澤正七先生』四ページ以下）。

若いとき、自分がどの道に進むべきか悩むことがあります。迷います。一旦決めても、また戻ることがあります。あちらこちらにさまよい、フラフラ歩きます。けれども、それは決して無駄にはなりません。いいえ、いろいろ道に迷ったことが、後になると役に立ったと思うことがあるのです。

中澤がそうでした。最後に道が決まり、北陸女学校のために一生、働きます。そのとき、美術の才能や文学、英語の教養が、そこでの教育に生かされました。県立学校で教えた経験が、北陸女学校を支え、発展させるのに役立ちました。そして牧師になろうとして神学を学んだことが、学校での礼拝や聖書の授業はもちろん、学校の進むべき道を定めるうえで、大きな力になりました。また、同窓生や幼稚園のお母さんたちを支え、指導する力にもなりました。さらには、北陸地方の諸教会にも奉仕するようになります。

旧約聖書の詩編三七編二三―二四節には、こう記されています。

「主は人の一歩一歩を定め
御旨《みむね》にかなう道を備えてくださる。
人は倒れても、打ち捨てられるのではない。
主がその手をとらえていてくださる」

中澤は若いとき、いろいろな道に入っては戻り、また別の道を志しました。けれどもその全ては、神の計らいによるものでした。北陸女学校と北陸の諸教会のために生かされます。神が共におられ、み旨にかなう道を備えていてくださいました。倒れても手をとらえて起こし、道を進ませていかれました。その生涯と働きがどのようなものであったのか、振り返ってみます。そしてその手をとらえ、一本の道を歩ませてくださったお方が、私たちとも共におられ、導いてくださることを知りましょう。

目次

装丁・堀木一男

凡　例

・敬称は省略しました。歴史的人物には敬称を付けないのが一般的です。とくにキリスト教世界では、真に敬うべきなのは、神お一人だけだと考えるからです。

・聖書の引用は、『聖書 新共同訳』（日本聖書協会）によります。

・その他の引用については、現代の若い人にも読みやすいよう、旧仮名遣いを改め、句読点なども追加してあります。またルビを振ったり、必要に応じて主語などを、〔　〕に入れて補ったりしました。

・文中に引用した文献について、書名は、初回だけ名称を記し、以後は略記しました。
　『北陸五十年史』＝『五十年史』
　『北陸学院八十年史』＝『八十年史』
　『北陸学院百年史』＝『百年史』
　『おもかげ　校長 中澤正七先生』＝『おもかげ』
　「北陸女学校　会報」＝「会報」
　『歌集　にひしほ』＝『にひしほ』

中澤正七

北陸女学校と北陸伝道にささげた生涯

第1章 誕生から青春期

一八七〇（明治三）年―一九〇一（明治三四）年

1 誕生

長男・耕一郎によると（『おもかげ　校長 中澤正七先生』四ページ以下）、中澤正七は一八七〇（明治三）年、旧暦の一月七日に、高知県長岡郡高須村一四九番地で、島田正七として生まれました。

正月の七日に生まれたので、正七と名付けられたそうです。旧暦、つまり太陰暦では、今の太陽暦で二月一九日の、雨水と呼ばれる日の前、新月の日が一月一日、元旦とされました。ですから正七が生まれたのは、太陽暦では二月七日と推測されます（『日本キリスト教歴史大事典』）。

生まれた場所は、現在の高知市高須です。高知市の東部で、国分川が高知港から土佐湾へと流れ込む左岸、つまり東側です。太平洋に近い、開けた地域です。

正七は、島田喜久造と妻の尾花の三男です。父・喜久造は、同じ土佐出身の岩崎弥太郎が設立した三菱商会で働く建築技師でした。日本は、江戸時代の末期に鎖国を解きます。次々と港を開き、外国との貿易が盛んになります。そのため喜久造は、明治初期まで、長崎や神戸、函館などの港町で、貿易のための倉庫を建てる仕事に当たりました。当時としては珍しく、全国を巡り、広い視野を養いました。正七少年は、この父に可愛がられ、連れられて全国を旅しました。そのことが、学問への関心や、自然世界への興味を高めたのでしょう。

2　青年期

全国を巡った父の影響でしょうか。正七は一八八八（明治二一）年、一八歳で東京に出て、明治学院普通部に入学します。

一八五九年に米国から、改革長老系教会のアメリカ人宣教師、J・C・ヘボン夫妻と、S・R・ブラウン、D・B・シモンズ、フルベッキらが、また少し遅れて一八六一年にJ・H・バラが神奈川・横浜に到着します。まだキリシタン禁令の高札《こうさつ》があった時代です。しかし、一八七二（明治五）年正月に横浜でもたれた初週祈祷会に、日本人青年たちが加わり、次々と洗礼を受けました。その結果、横浜に、日本で最初のプロテスタント教会である日本基督公会《キリストこうかい》という教会が生まれます。これが横浜バンドと呼ばれ、熊本バンド、札幌バンドとともに、日本のプロテスタント・キリスト教の源になりました。

横浜バンドは、外国人宣教師たちが開いた塾から始まりました。最初は、ローマ字の発明で有名になるヘボンが一八六三（文久三）年に始めたヘボン塾です。その終了時、女子の塾生が集まり、後にフェリス女学院になります。一方、ブラウンが開いたブラウン塾は、バラ塾と合わさり、一八七七（明治一〇）年に東京一致神学校となります。これが一八八七（明治二〇）年、明治学院神学部になります。北陸に福音を伝えたトマス・クレイ・ウィンは、このブラウンの甥です。伯父の影響を受けて来日、金沢で教会と学校を建てることになります。明治学院は、プロテスタント諸教会のなかでも改革長老教会の流れに属し、金沢で一八八三（明治一六）年に始まった愛真学校や、一八八五（明治一八）年に創立された金沢女学校の兄弟校です。

当時、地方出身者が東京の大学に入学することは、現在で言えば、外国に留学することにも匹敵するぐらい大きなことでした。大学で学ぶ若者は、ほんの一握りしかいませんでした。

しかし明治学院に入った正七は、二年後、東京専門学校（今の早稲田大学）文学科に移ります。そこではイギリスの古典的文豪、シェイクスピアを坪内雄蔵（逍遥）教授に学びました。エドワード・ドーデン著の『シェイクスピア』という書物を終生、手元に置いていました。心理学の大西祝教授にも学び、その講義を丁寧にノートにまとめています。そのままで教科書になるほど、立派な内容です。けれども卒業論文は、「鎌倉期厭世《えんせい》詩人の理想」であり、西行法師と鴨長明の思想を比較しています。多感な青春期であり、さまざまな学問や思想に惹《ひ》かれたのでしょう。

3　キリスト教との出会い

正七は、明治学院普通部に入学する年、一八八八（明治二一）年三月四日に、高知教会でグリナン宣教師から洗礼を受けました。一八歳でした。高知教会に通うようになったきっかけは、分かりません。正七は後に、同郷、土佐出身のキリスト者、島崎恒五郎を石川県立師範学校の教師として推薦しています。島崎は日本基督教会金沢教会（今の日本基督教団金沢教会）の日曜学校の教師、副校長となり、やがて長老として教会を支えました。後日、正七はこの島崎に勧められ、北陸女学校に赴任することになります。すでに高知の教会で、島崎と交流があったのでしょう。明治学院に入学することになり、それが受洗の強いきっかけになったと思われます。

けれども、その学校を二年で退学し、東京専門学校へ移りました。正七の興味や関心は多方面に亘《わた》りました。キリスト教だけでなく、政治、文学、演劇、英語、また教育と、青年らしい多感な青春時代を送ったのです。

4　献身

正七は、一八九三（明治二六）年九月に東京専門学校を卒業すると、二三歳で明治学院神学部に入学します。ここでは、とくに長老制教会である日本基督教会の牧師・伝道者を育てました。正七は献身して牧師となり、教会に仕える道を選んだのです。

日本は江戸時代の終わりに鎖国を解き、一八六八年に明治維新を断行しました。それ以後、欧米諸国に追いつき、追い越そうとして、西洋文明を積極的に取り入れます。鹿鳴館《ろくめいかん》を中心に外国人を受け入れ、西洋文化の花が咲きます。そのため、一八八〇年代までは、比較的、キリスト教に対して肯定的で、多くのキリスト教学校がこの時期に建てられました。北陸学院の源泉となった、愛真学校と金沢女学校、英和小学校や英和幼稚園も、この一群のなかに入っていました。

けれども一八九〇年代に入ると、時代の空気は一変します。一八八九（明治二二）年に明治憲法、つまり大日本帝国憲法が発布されます。天皇を頂点とする国を作って近代化を推し進める方向が固まりました。以後、国家主義が台頭していくことになります。一八九〇（明治二三）年には、いわゆる教育勅語が出され、天皇中心の国家主義的な教育体制作りが始まりました。この方針に対して、キリスト教教育は個人の信仰や考え方、個性を重んじます。キリスト教学校の教育目的は、天皇中心の国家主義と相容《あいい》れませんでした。実際に翌年、内村鑑三のいわゆる不敬事件が起こります。内村が、勤務先の第一高等中学校の教育勅語奉読式で最敬礼をしなかったと非難されます。これをきっかけに、二年後、東京帝国大学教授の井上哲次郎は「教育と宗教の衝突」という論文を発表します。キリスト教やキリスト教教育は日本国家になじまないと主張しました。

一八九九（明治三二）年八月には、私立学校令が出ます。学校の先生は、日本語がよくできる人に限るとしました。事実上、外国人の先生を排除しようとしたのです。同時に文部省訓令第十二号が出され、学校で宗教教育をすることを禁止しました。正式な学校として留まるためには、学校で礼拝や聖書の授業をすることが許されなくなったのです。キリスト教教育を守るためには、国に認められた正式な学校という地位を捨て、その他の各種学校にならなければなりませんでした。しかしその場合、大学など、上の学校の入学試験を受ける資格を失います。男子の場合は、それに加えて、徴兵が猶予される特典も奪われます。各種学校になってでもキリスト教教育を守るのか、それともキリスト教を捨てて学校の地位に留まるのか、二者択一を迫られました。キリスト教にとっては、苦しい、難しい時代でした。

正七が献身を決意して神学部に進んだのは、井上の論文が出た直後です。国家主義に傾く日本の現状を憂えたのでしょうか。政治に絶望したのでしょうか。日本に必要なのは、イエス・キリストの十字架と復活の福音であると確信したのでしょうか。確かなことは分かりません。いずれにせよ、張りつめた空気のなかで神の召命を信じ、献身を決意したのでしょう。

当時の明治学院神学部は東京一致神学校の流れを汲んでおり、初代の総理、つまり校長はJ・C・ヘボンでした。さらに井深梶之助や植村正久など、当時のキリスト教世界の中心的な指導者たちが集まっていました。正七はとくに植村と深い交流があり、植村を尊敬して、その自宅にも親しく出入りしていました。三年後の一八九六（明治二九）年、二六歳で卒業します。二月二一日に按手《あんしゅ》を受け、植村が牧師を務めていた日本基督教会一番町教会（現在の日本基督教団富士見町教会）で、教職試補として伝道者の第一歩をしるします。植村の主宰する「福音新報」誌編集の実務も担いました。伝道者としての人生が始まろうとしていました。

5　結婚

正七は、おそらく数え年で三〇歳のとき、中澤熊《くま》という女性と結婚し、東京の麹町に新居を構えます。熊もまた高知出身でした。米問屋である鍵元《かぎもと》という家に四人きょうだいの末娘として生まれ、銀行家の中澤家の養女となりました。豊かな家で、何不自由なく育ちました。結婚後しばらくして、正七は熊の中澤の姓を継いで養子となります。しかしこのとき、すでに熊の中澤家は没落していたようです。正七の父母も他界していました。結婚のときには、正七のすぐ上の兄、小平《しょうへい》が親代わりを務めました。住まいを探し、花嫁を東京まで連れてきて、何かと世話をしました。家具や生活道具の一切を整え、費用もすべて出してくれました。しかしこの小平も、その後まもなく、正七が土浦中学校に勤務している間に亡くなります。中澤夫妻は、若いときすでに、多くの大切な人々を失うという悲しみを味わっていたのです。

6　茨城県立土浦中学校に赴任

中澤正七は、当時プロテスタント・キリスト教界随一の指導者であった植村正久に見込まれ、その牧会する教会で、伝道者の見習いを始めました。教職試補として働き、やがて試験を受けて牧師となる道を歩み始めました。

しかし結婚が一つの契機となったのでしょうか。一八九九（明治三二）年四月に、茨城県立土浦中学校の英語教師となり、赴任します。その理由を、自分は耳の鼓膜に不具合があり、音楽の才能がなかったからだと述べています（北陸女学校同窓会「会報」二七号［一九三七年］四七ページ）。また、言葉が重く、立て板に水を流すようにさわやかな弁舌の持ち主ではありませんでした。なによりも、伝道者として立つ召命が揺らいだのでしょう。自分には、他に何か歩むべき道があるのではないか、と考えるようになりました。ここでも迷いがありました。一方で、師と仰ぐ植村は、中澤が進路を変えたことを怒りながら、それでも中澤に期待しつづけました。その後も伝道者に復帰するよう、何度も勧めています。

この一八九九年は、キリスト教学校にとって大きな危機でした。七月一七日に、外国との間に結ばれていた不平等条約が改正されます。同時に、外国人内地雑居が行われます。それまでは、外国人が住めるのは、指定された居留地に限られていました。それ以外に住むのには、特別の許可が必要でした。国内を旅行するのにも、許可を申請しなければなりませんでした。これが撤廃されます。この内地雑居にあたり、日本国政府は、外国人宣教師の活動がさらに活発になり、キリスト教とキリスト教学校が全国に広がることを恐れました。それを抑えるため、八月三日に私立学校令および文部省訓令第十二号を出します。これにより、学校が宗教教育を行うことを禁止したのです。キリスト教学校は深刻な危機を迎えます。中澤は後に、この危機と戦うことになります。

7　結び

中澤は、若いとき、道を求め、迷いました。ずいぶん悩みました。けれども公立学校で教えたことが、後に北陸女学校で生きることになります。いや、世の動きを読んで冷静に対処する政治の感覚、美術や文学の才能、英語の素養、そして一旦は伝道者として立とうとした献身の思い、それらすべてが金沢で結び合い、花ひらくことになります。そのためには若いときに迷い、さまざまな経験をすることが必要だったのです。

「神を愛する者たち、つまり、御計画に従って召された者たちには、万事が益となるように共に働くということを、わたしたちは知っています」（ローマの信徒への手紙八章二八節）とあるとおりです。

第2章　北陸女学校主幹の時代

一九〇二（明治三五）年―一九二〇（大正九）年

1　赴任の経緯

中澤正七は、三二歳まで、さまざまな道をさまよいました。しかしついに一九〇二（明治三五）年四月、招かれて金沢に赴き、北陸女学校の主幹となります。主幹というのは、今の教頭先生に当たります。実務を担い、学校をまとめて校長を支えます。中澤は、それから一八年七か月、主幹として北陸女学校に勤めます。さらに校長となり、天に召されるまでの二四年間を過ごします。合わせて四二年七か月もの長い間、北陸女学校に仕えることになります。

一九三七年発行の北陸女学校同窓会「会報」二七号三九ページ以下に、中澤は自身の「回顧録」を書いています。赴任したときのことについては、こう記しています。

「金沢に着いたのが、明治三五年四月六日のことで、ちょうど本校校庭のモクレンが満開の頃であった。すぐに校長〔ケート〕ショー、舎監・行山〔鈴野〕の両女史に面会し、その翌日、相談の上、私はまず主幹の名義で校長補佐として務めることになった」（三九ページ）。

北陸女学校に赴任したのは、日本基督教会金沢教会の牧師・毛利官治と、同郷の友人で石川県立師範学校の教員・島崎恒五郎から依頼されたからです。

北陸女学校の前身であり、今の北陸学院の始まりとなったのは、金沢女学校です。一八八五（明治一八）年に、米国人の女性宣教師、メリー・ヘッセルが建てました。この金沢女学校が一九〇〇（明治三三）年に、北陸女学校へと名前を変えていたのです。

その理由は、いろいろ考えられます。

二十世紀に入り、日本各地で伝道と学校の経営に当たっていた外国キリスト教伝道団体（ミッション・ボード）の一群は、協力して女子大学を作ろうとしていました。その結果、一九一八（大正七）年に東京女子大学が創立され、新渡戸稲造を学長に迎えます。そのために、それぞれが運営していたキリスト教学校を再編し、新しくしました。金沢女学校を建てた、アメリカ長老教会の流れを汲む在日本プレスビテリアン宣教師社団もまた、これに加わりました。

金沢では、金沢女学校の兄弟校だった北陸学校（男子のキリスト教中学校。設立時は愛真学校）が、一八九九（明

第６代校長ケート・ショー

治三二）年に廃校となりました。その名前を残して北陸女学校となったとも言われます。

何よりも大きかったのは、当時、文部省の訓令が出て、学校で宗教教育を行うことができなくなったことです。そのために金沢女学校は各種学校となりました。一八九七（明治三〇）年に金沢市立高等女学校が開校しました。金沢女学校と名前が似ています。そこで「格下」の各種学校である金沢女学校が自ら、北陸女学校という名前に変えました。きっと悔しかったでしょう。しかしそうしてでも、礼拝と聖書の授業を守り、キリスト教の学校でありつづけたのです。

一方では、正式の高等女学校に劣らない教育をしようと決心し、女学校という名称を残しました。こうして北陸地方全体から生徒を集め、学校を盛んにしようと願いました。

一八八九年に外国人の内地雑居が行われた結果、かえってキリスト教学校にとって困難が増しました。学校の名前まで変えなければなりませんでした。他方、かつて学校の設置者や校長は日本人でなければならなかったのが、ミッション・ボードが直接、学校を運営できるようになりました。金沢女学校時代は、名目上、校長は日本人でした。しかし実際には、プリンシパル（英語で「校長」）である外国人宣教師が学校を運営していました。必要な経費も、ミッション・ボードから送られていました。こうした二重構造が解消されることになります。北陸女学校は名実ともにミッション・スクールになりました。学校の財産もミッション・ボードに移されます。さらには、一九〇一年に米国人宣教師のケート・ショーが初めて、外国人として第六代の校長となります。それから四代、一八年半にわたり、三人の外国人校長が続きます。それが、厳密に言えば、北陸女学校がミッション・スクールであった時期だと言えるでしょう。

外国人が校長になりました。生徒や日本人教職員、また石川県や金沢市などの役所との関係を円滑に進めるため、日本人が校長を助ける必要があります。そこで中澤が呼ばれ、北陸女学校主幹となったのです。実際に中澤は、外国人校長を支えて学校の実務を処理しました。その他にも、毎週月曜日の礼拝で聖書の話をし、また英語と地理・歴史などの授業を担当しました。

2　赴任当時の現実

中澤は書いています。

「専任教師としては、校長と舎監と私との三人だけ〔だった〕。……学級は予科一年、本科四年の五学級で、生徒は総計三十一名の少数で〔あった〕」（同三七ページ）。

金沢女学校が創立されてから一七年が経っていました。けれども現実は厳しいものでした。専任の教職員は、校長と主幹、そして寄宿舎の寮生の指導者、たった三名です。授業の多くは、非常勤の、つまり他に本業のある講師が、授業の時間だけ、担当していました。生徒もわずかです。金沢女学校創立から中澤が赴任するまでの間、生徒は予科、つまり予備科を含めても、平均三六名しかいませんでした。中澤が赴任した年度は三一名です。予備科は、小学校の教育を十分受けていない生徒が、ほんらいの女学校で学ぶ基礎学力を身に着けるために設けられました。金沢女学校時代には、生徒を確保するためもあり、二年におよぶ予備科を設けていました。この予備科の生徒数を加えても、最大の年で五二名でした。最少だった一八九四年は、総数一九名にすぎません。しかもそのうちの七名は予備科の生徒でした（巻末の表1・年表を参照）。

主幹として赴任した頃

生徒が集まらなかったおもな原因の一つは、キリスト教の学校であったことです。北陸地方は、仏教、とくに浄土真宗の力が強く、キリスト教に理解のある人はわずかでした。一般の人々はキリスト教について何も知らず、「ヤソ」と呼び、毛嫌いしていました。ようやく、キリスト教を禁止する高札が取り払われたのは一八七三（明治六）年です。明治維新から、じつに六年も経ってからのことでした。当時、民衆がキリスト教を「邪宗」、つまり人を惑わす誤った教えだと思ったのも、無理のないことでした。そのため、金沢女学校の生徒は、学校の行き帰りにののしられたり、石を投げつけられたりすることもあったと言います。娘を入学させる親は、当時としては相当に進歩的な考えの持ち主に限られていました。

しかも金沢女学校時代には、外国人は原則として、定められた居留地に住まなければなりませんでした。国内を自由に旅行することもできません。北陸地方に住むほとんどの人々が、外国人など、見たことがありません。人は未知の領域を恐れます。知らない人間は恐ろしく見えます。初めて知る考えは異様だと感じます。横浜や神戸といった、貿易の港があれば、外国人を目にします。外国との取引が行われ、世界との交流が生まれます。英語を学ぶ必要も感じるでしょう。けれども北陸には貿易港がありません。外国との交流はなく、英語を勉強しようとする理由がありません。産業の盛んな、太平洋に面した地域とは、まるで事情が違います。明治が始まって間もない金沢にキリスト教学校を建て、続け、発展させることは、容易なことではありませんでした。中澤が背負った荷は重く、その道は険しいものでした。

3　中澤の役割

中澤は四月に主幹として赴任します。けれどもすぐ、たいへんな事態に出遭います。その年の八月に、ショー校長がアメリカに帰国することになりました。金沢女学校の教員として一二年間、働きましたが、寒い上に湿度の高い北陸での生活は体にこたえたようです。病気になり、ついに本国で治療、療養することになったのです。校長としてはわずか一年の在任でした。しかも舎監の行山鈴野が、学校を退職してショーに付き添うことになりました。米国に渡り、そのままショーの母校、ウェスタン女子大学に留学しました。三人の専任教員のうち二人が辞めてしまいます。

第７代・第９代校長
アイダ・ルーサー

第８代校長
ジャネット・ジョンストン

赴任してまだ半年も経たない中澤が、一人、残ることになります。

　九月にアイダ・ルーサー宣教師が第七代校長になり、七年間、勤めます。それから第八代ジャネット・ジョンストンが五年、そして再びルーサーが第九代校長となって六年を過ごします。中澤は主幹として四代の外国人校長三名に、計一八年七か月、仕えたことになります。校長の平均の在任期間は五年に満ちません。その間ずっと、実際には中澤が学校を支えました。だから、北陸女学校は守られたのです。

　主幹としての中澤の働きは、学校の実務を担当して、外国人校長と生徒や日本人教職員との間を橋渡ししながら、教務などの学校事務を処理すること、官庁との折衝に当たること、学校での礼拝と授業を担当することでした。今の学校で言えば、教頭と事務局長、宗教主事、教員をすべて兼ねていたということになります。

かなり重い任務でした。中澤がそれだけの職務をこなしたからこそ、ミッション・スクールである北陸女学校は存続することができたのです。

とはいえ、中澤は生徒たちと学ぶことを楽しみました。こう書いています。

「訳解〔英語読解〕には〔前職の土浦〕中学校にて多少の経験はあったにしても、地理歴史にはまったく面食らった。……ほとんど準備の余暇のなかった私の授業は、毎日教室に出て、生徒と一緒に教科書とにらめっこする程度のもので、時には頭のよい生徒に教えてもらったこともあった。世界地図を掛けて、モスクワがどのあたりか、うろうろしていると、『先生、そこですよ』と教えられたような調子だ。……その代わり、英語の発音は立派なもので、訳解力も相当に進んでいた。中学校上級の教科書は三年〔生〕くらいで読みこなしていた」（同三七ページ）。

ほのぼのとした授業の光景が頭に浮かんできます。

一方、中澤には短気な面もあったようです。

主幹となって四年が過ぎたころ、卒業式で問題を起こしてしまいます。一人の最上級生が、病気のため欠席が多く、中澤は卒業を認めませんでした。式にやって来た本人は、卒業証書が与えられず、寂しそうに校門を出て行きます。母親が訪れ、抗議しました。地域の有力者の家系で、上品な婦人です。中澤はこれに、かえって反発します。頑として卒業を認めません。それに対して、理事など関係者が働きかけ、卒業証書を渡すことになりました。中澤は辞職を覚悟しましたが、周囲になだめられ、事は無事に収まりました。

「私が専断にやり過ぎて、喧嘩に敗けた次第だ。私はかような癇癪《かんしゃく》持ちで、その後も同僚や生徒、その他、学校関係者に、迷惑をかけたことは少なくないのであったが、どうやら今日まで無事に過ごし得たのは、まったくその方々の寛容のお蔭と申さねばならぬ」（同四一ページ）。

土佐人らしい一徹さが、時として、加賀・百万石の城下町、金沢の、上品で優雅な気風と衝突することがあったようです。

4　学制

明治以来ずっと、日本のキリスト教学校の特徴は、キリスト教に基づく人格教育と英語を学ぶ教育でした。けれども北陸地方では、キリスト教はよく理解されていませんでした。また英語を学ぶ必要を感じることも少なかったのです。このような地でキリスト教学校を運営し、発展させることは決して簡単ではありません。

しかも明治政府は、天皇を中心とする国家主義を推し進めました。教育もまた、国家中心の方向へと進んでいきます。このため、学校で宗教教育をすることができなくなりました。そんな厳しい時代に、中澤は北陸女学校の責任を負いました。どのようにしたら学校が守られ、理解され、より多くの生徒にキリスト教教育を行うことができるのか、真剣に考えました。そして実行していきます。

その一つは、学校での学びのコースを、時代に合わせてさまざまに工夫することでした（巻末・表5参照）。

金沢女学校時代には、一般に小学校教育が十分、普及していませんでした。それを補うため、一八九四年から、二年制の予備科を置いていました。けれども次第に小学校が各地に整備され、ほとんどの子どもたちが通うようになります。そこで中澤は、金沢に赴任した翌年、北陸女学校の予備科を二年から一年に縮小します。さらに一九〇五年に日露戦争が終わり、教育に関心が高まるようになると、翌年、予備科をすべて廃止します。

それに代わって、もっと専門的な学びをするコースを作りました。一つは補習科です。本科を卒業した生徒に、さらに英語を学んでもらうためです。一九〇四年に設けられ、アメリカ人の宣教師・教員が教えました。もう一つは音楽講習科です。翌年より、ピアノやオルガンなどを、やはり外国人宣教師・教員が、希望する生徒に教えました。音楽教育は盛んに行われ、生徒は学校や教会での礼拝の奏楽を担当しました。これらは後の一九二九年に、それぞれ英語専攻科、音楽専攻科となります。太平洋戦争が始まる年まで続けられ、北陸女学校で、より専門的な勉強をすることができたのです。

さらには一九一五年に技芸科ができました。高等小学校を卒業した生徒に、裁縫とミシン、生け花や造花、料理などを教えました。これは後に家政科と名前を変え、一九二四年まで続けられました。当時の若い女性が、生きる力を身に着けるよう配慮したのです。

このように、中澤は、さまざまな求めに応じた学びができるよう、学校の制度を工夫していきました。

5　四年制指定校に

中澤が赴任した年、生徒数はわずか三一名でした。しかし翌年には二倍に、翌々年には三倍の九八名を数えます。さらにその後、三年間は百数十名にまで膨《ふく》れ上がります。前の項で述べたように、予備科を廃止して補習科や音楽講習科などを設置し、学びの多角化を図ったことにもよるのでしょう。けれども、その後、また減少に転じ、八年間は生徒総数が一〇〇名に満たない状態が続きます。

むしろ一九〇五年から三年間、一〇〇名以上の生徒が集まったのは、日露戦争が終わり、女子教育が流行したためでしょう。一時的な現象でした。この時期には、他の女学校も次々と建てられていきます。県立高等女学校のほか、私立遊学館（一九〇四年。後の金城女学校）、私立金沢女学校（一九〇五年。後の県立第二高等女学校）、市立女子職業学校（一九〇六年）と続きます。女子の学校が増えたため、北陸女学校の生徒は再び減少に転じます。六〇名台にまで低迷することになります。

中澤は、北陸女学校を改革して根本的に建て直す必要に迫られます。そこで目指したのは、文部省による四年制指定校になることでした。国に、一般の四年制高等女学校と同じ力のある学校であると認めてもらい、卒業生に専門学校、つまり大学の入学試験を受ける資格が与えられるよう働きかけたのです。

文部省訓令により、学校で宗教教育をすることを禁じられました。そこで金沢女学校は、正式の学校という地位を捨て、各種学校となりました。名前も変えて北陸女学校となりました。そうして礼拝や聖書の授業を続けたのです。当時のショー校長が下した決断でした。しかしそのために、北陸女学校を卒業しても、そのままでは専門学校や上級の学校には入れません。それが不利に働き、多くの生徒が集まりませんでした。けれども中澤には自信がありました。北陸女学校の教育は、一般の高等女学校に決して劣らないと信じていました。そのことを文部省が公に認めるよう、働きかけたのです。これが実現すれば、北陸女学校の卒業生には、専門学校や大学の入学試験を受ける資格が与えられます。もっと魅力ある学校にすることができます。

けれどもそれは簡単なことではありませんでした。一九〇八（明治四一）年の夏から、申請の準備を始めました。必要な専任の先生を集め、書類を作ります。必死の準備が続いたことでしょう。翌年九月になって、申請書を提出しました。いよいよ一九一〇（明治四三）年六月、文部省の視学官が学校を訪れ、実地調査が行われました。その結果は、認可にまで至りませんでした。たしかに四年生の平均の学力は、県立高等女学校四年生を上回っていると認められました。けれども学校の組織体制が十分にできておらず、設備も足りないと指摘されたのです。失望と落胆が学校を覆いました。しかし中澤はあきらめません。その後、教職員を励まし、学校の組織作りと設備の充実に努めます。そのうえで翌年七月に、改めて申請書を提出しました。その結果、一九一三（大正二）年一月二七日、ついに指定を受けることができました。北陸女学校が始まって一三年近くも、学校を作り上げてきた努力が、ようやく認められたのです。後に中澤は「これは本校発展の第一段であったというべきものであろう」と記しています（同四二ページ）。認可を受けるために教育の組織や内容を整えました。そのおかげで学校が充実していったのです。

その結果はめざましいものでした。一九一六（大正五）年度には生徒数が再び一〇〇名を越えます。さらに年ごとに増えていきます。中澤が主幹であった最後の一九二〇（大正九）年度には二〇〇名を上回るようになります。地道な努力が北陸女学校の教育の質を向上させ、生徒の増加につながっていきました。北陸地方の人々が信頼を寄せる学校へと成長していきました。

6　学校生活をゆたかに

中澤は生徒に学力だけを求めたのではありません。生徒の心に寄り添い、向き合いました。一九〇五（明治三八）年に卒業した長尾丙留《へいる》が書いています。

「〔私は〕その時の校長先生のミス・ルーサー……と衝突してしまいました。すると間もなく私は中澤先生に呼ばれましたので、これはてっきりあのことで叱られるなあと思い、恐る恐る先生の前に頭を下げてしまいました。ところが中澤先生は、ニコニコ笑いながら、『あなたの怒るのはもっともだ。しかし、相手は外国人のことだから、がまんしなさい』とあっさり叱られたきりでした」（『おもかげ』一八ページ）。

丙留の父は、北陸が生んだ最初の牧師、長尾巻《まき》です。イエス・キリストを人々に伝えるため、全てをささげました。豊かな家庭に恵まれた同級生とは、何かと差を感じ、辛い経験をしたのでしょう。そのため、家族の生活は厳しいものでした。丙留は、特別に奨学金を受けて学びました。ルーサー校長とぶつかったのです。しかし事情を知る中澤は、丙留の思いを受け止め、とりなしました。生徒と校長の間をつないだのです。また後には丙留を、労働会という組織に招きました。靴下などを編み、外国人教師がそれを米国に販売して学資を得ることができるよう、配慮したのです。丙留はそのことを忘れず、感謝して女学校生活を送ることができました。

また中澤は、学校生活がゆたかになり、生徒が楽しめるように心をくだきました。

例えば、主幹として赴任した翌年九月には、いち早く友愛会を組織しています。今で言えば、クラブ活動です。文学や手芸、運動、集会や訪問などの各部が活動しました。文芸会や討論会、手芸の会、運動会などを計画し、実行しました。遠足と修学旅行、登山も行っています。雑誌を発行し、各国の女学校生徒と文通することもしていました。これらには、生徒だけでなく、先生や職員、理事なども加わり、いっしょに活動しました。生徒たちが互いに一致協力して交流し、また先生や職員ともつながって、充実した学校生活を楽しむことができました。中澤が若いとき、さまざまな方面に関心を持ち、経験を積み重ねたことが、生徒活動を豊かなものにするうえで、大いに役立ったのです。

生徒が増え、北陸の各地から集まるようになりました。その生徒たちのために、中澤は寄宿舎を整備します。一九〇四（明治三七）年には、すでにあった頌栄寮《しょうえいりょう》が満員となったため、新しく芙蓉寮《ふようりょう》を作ります。家庭を離れて学ぶ生徒たちが、安心して学校生活を送ることができるよう、気を配りました。さらに一九一二（明治四五）年には、寄宿舎を建て直し、四〇名の寮生が快適に生活できるようにしました。このおかげで寮生は学びに集中することができました。また、毎日の寄宿舎と学校での礼拝、さらには毎週の教会での礼拝を守り、信仰が養われていきました。寮生のなかから、多くの生徒が洗礼を受けるようになります。キリスト者となり、北陸各地の教会を支えるようになっていったのです。

そうした学校の活発な様子を伝えるため、一九〇五（明治三八）年に同窓会「会報」第一号が発行されました。校長をはじめ、先生たちの教育の熱意、学校の様子などを、卒業生に伝えました。以後、ほぼ毎年、内容ゆたかで充実した会報が発行されていきます。学校と同窓生とをつなぐ重要な働きを果たしました。かつて「福音新報」の編集に当たった中澤の経験が、ここにも生かされています。

7 結び

『北陸学院八十年史』は記しています。

「中澤は……、明治三十五年四月に本校主幹として着任以来、約十八年間のたゆまざる奉仕とあつい信仰とにより、職員生徒はもちろんのこと、多くの卒業生から、慈父のように慕われ、また外人教師からもあつい信任を受け、事実上の本校の指導者であった」（九七ページ）。

中澤は北陸女学校主幹となり、ミッション・スクール時代の学校を支えました。規模が小さく、生徒も先生も少なく、きちんとした学校の形をとっていませんでした。それを、少しずつ整備していきます。ずいぶん苦労もしました。けれども、地道な努力を積み重ねていき、やがて地域の人々からも、特徴ある学校だと認められるようになります。そのことが、後の北陸女学校の発展をもたらしていくのです。

「神は真実な方です。あなたがたを耐えられないような試練に遭わせることはなさらず、試練と共に、それに耐えられるよう、逃れる道をも備えていてくださいます」（コリントの信徒への手紙一一〇章一三節）とあるとおりです。

第3章　校長就任と基本方針

―一九二〇（大正九）年一一月―

中澤正七は、一八年七か月、北陸女学校の主幹として勤めました。四代、三名の外国人校長に仕えました。その後、校長に就任します。そしてそれからの学校の新しい方向を打ち出します。

1　校長となる

第九代校長のルーサーはすでに一九一九（大正八）年十月、病気療養のため、金沢を離れていました。翌年九月、正式に校長を辞任します。これを受けて一一月二日の理事会は、中澤正七主幹が第十代の北陸女学校校長に就任することを決めました。この日、すぐに教職員と生徒全員、また同窓会代表や理事が集まり、新校長歓迎会を開いています。中澤は学校全体から信頼されており、その校長就任を皆が喜び祝いました。その後、一九四四（昭和一九）年一一月一二日に七四歳で天に召されるまで、二四年間、北陸女学校校長でありつづけます。学校の発展に大きく貢献しました。

戦後、著名な教育者の赤井米吉は、一九五二年に完成したばかりの飛梅・北陸学院高等学校の新校舎を前に、次のように記しています。

「そのかげに、前前校長、中澤正七先生の四十年の献身の功のあったことを忘れてはならない。……中澤先生が北陸へ来られたころの女生徒の数は、一学級十数名という少ないものであった。……それが先生の晩年には、戦時中でも三学級もの生徒を収容するような大きなものになった。……先生がその間、隠密に堅忍をかさね、黙々として経営につとめられたものであった」（「中澤正七先生」。一九五二年一一月九日「北陸新聞」）。

主幹として一八年七か月、校長として二四年、合わせて四二年七か月、地方のキリスト教学校を支え、指導し、発展させたのです。

2　中澤の基本方針

中澤は校長として、金沢という北陸地方の一都市で、どのようにキリスト教学校を形づくっていこうとしたのでしょうか。その基本的な考えが、一九二五（大正一四）年七月二三日発行の北陸女学校同窓会「会報」一七号（創立四十周年記念号）の初めに記されています。

「創立四十周年を迎えて」と題したこの文章の中で、中澤はまず、学校を支えてきた人々に感謝を述べています。創立者メリー・ヘッセルは四〇年前、多くの困難を冒して金沢女学校を開校

校長に就任した頃の中澤正七（後列中央）とアイリン・ライザー（左隣）

しました。地域の理解が十分には得られないのに、生徒たちが入学しました。そして今まで、全校生徒が二〇名にも満たない苦労を味わいながら、ミッション・ボードが好意的に補助し、必要な先生を送りつづけてくれました。また、多くの女性宣教師が、献身的に奉仕し、創立者の志を継いで太平洋を渡り、学校を支えてきました。それらを思い、感謝をささげます。その上で、今後の方針を三点、挙げています。

(1)　キリスト教精神の継承と発展

「本校は地方人の要求に応じて成り立ったものでなく、かえって地方人の敬遠する基督教教育を標榜し、地方人のさほど歓迎しない英語を主要学科として教育しようとするのであるから、他の公私学校とその設立の趣旨、存在の意義を異にするもまたやむをえない次第である。したがって本校はいかなる犠牲を払っても、創立者の精神を継承し、あくまでもこれを発揚しなければならない」（同二ページ）。

創立者メリー・ヘッセルの精神は、キリスト教信仰です。ヘッセルは詩編一一一編一〇節の「主を畏れることは知恵の初め」という聖書の言葉を愛し、これを金沢女学校の基本精神としました。中澤はこれを大切に受け継ぐと宣言しました。それを失ったなら本校の存在の意義はないとまで、言い切っています。

(2)　内容の充実

また中澤は、一九二五（大正一四）年に福岡の西南学院で開催された基督教教育同盟会第一四回総会で示された方針に共感し、これを受け入れています。とくにそこでは、「基督教主義学校将来の学校政策」に関する調査委員会が報告を発表しました。これに基づき、学校でキリスト教精神を発展させる具体的な方法に触れたのです。

キリスト教学校の不利を補うため、「設備および教授法に於いて最新式たるを要す」（同）と強調しています。教育内容を魅力あるものとすると同時に、実際の学校の施設や設備を整え、充実させることが必要だと考えました。これは、四年制高等女学校と同等であるという文部省の指定を受けるため、主幹の時代に中澤が努力し、準備したことと重なっていたのでしょう。その苦労があったからこそ、学校発展のために必要なことがはっきり見えていたのです。

(3) 独立の計画

さらに中澤は、「来たるべき十か年間の計をたて、成し得べくは、経営機関も財政も独立し得る基礎を作らねばならぬ」（同三ページ）と述べています。つまり学校が外国伝道団体であるミッション・ボードに経済的に頼らず、日本人の手で支えられて、自由に教育を行うべきだと言うのです。

これに関連して、中澤はミッション・スクールという呼び方を退けました。「われらの学校はミッション・スクールと呼ぶよりも、むしろ基督教学校と称《とな》うるを適当とす」（同）。つまり学校の経営をミッション・ボードから独立させ、自立を目指そうとしたのです。そのためには、学校を運営するための基本金を創設すること、また卒業生と有志から維持会員を募り、寄付を集めることが必要だと考えました。

明治時代の初め、外国人の宣教師が日本にキリストの福音をもたらしました。教派によっては、その後も外国ミッション・ボードが主体となって、教会と学校を運営しつづけるところもありました。それに対して、外国に頼らず、日本人のキリスト者が教会や学校を担うべきだとする考え方が生まれます。とくに改革長老制の教会は自給独立を強調し、目指しました。その代表が植村正久です。中澤もまたこの考えを受け継ぎました。北陸女学校の自給独立を目指します。そのことが、後に、戦時下の苦しい時代にも学校が発展していく土台となっていきます。

当時、中澤は一八年七か月、北陸女学校の主幹として勤め、その後、校長となってすでに五年間を過ごしていました。その経験から、以上の学校運営についての基本方針を編み出しました。また実際に、校長として、これらの線にしたがって学校を運営し、発展させていったのです。「信仰とは、望んでいる事柄を確信し、見えない事実を確認することです」（ヘブライ人への手紙一一章一節）。

中澤は、この信仰に立ち、北陸女学校の進む道を信じて歩み始めます。

第4章　中澤校長の基本方針(1)　キリスト教精神の継承と発展

1　課題

一八九九年の文部省訓令第十二号により、学校はキリスト教教育を禁止されました。授業で聖書を教えることはもちろん、それ以外の時間に学校礼拝を行うことも許されなくなったのです。このため金沢女学校は、多くのキリスト教学校とともに、公認学校の地位を離れます。各種学校となってでも、キリスト教教育と学校礼拝を守る道を選びました。

しかしこれは、上級学校への進学資格を失うことを意味していました。翌年、男子校では、生徒の徴兵猶予と上級学校進学資格が認められます。けれども女学校は依然として、一八九九年二月七日に出された高等女学校令によって、進学のための資格を得ることは難しかったのです。キリスト教女学校は、キリスト教教育を続ける限り、高等女学校と認められず、不利な状態に置かれつづけました。

一九三五（昭和一〇）年に出た文部次官通牒「宗教的情操ノ涵養ニ関スル留意事項」は、一八九九年の訓令第十二号の趣旨は宗教的情操の涵養を妨げるものではないとし、制限の緩和を図りました。しかしこれは一つの解釈にすぎません。訓令第十二号そのものの廃止は、太平洋戦争敗戦後の一九四五（昭和二〇）年の文部省訓令第八号まで待たなければなりませんでした。

こうしたキリスト教教育にとって厳しい時代に、中澤は北陸女学校のキリスト教精神をどのようにとらえ、どう受け継ぎ、発展させ、実践していったのでしょうか。

2　信仰と教育に対する理解

中澤は、北陸女学校におけるキリスト教教育の重要性を確認し、その意義を説きました。その一方で、学校で行われるキリスト教教育と、個人の信仰の決断とを区別しています。

㈠「本校教育の主義方針」

一九一四（大正三）年六月一日に行ったこの講堂講話（同年「会報」八号一六ページ以下）で、中澤は北陸女学校の基本方針を示しました。まず「女子と英語」について語り、英語を学ぶことは必ずしもその志を持たずに入学した者にとっても重要だと言います。語学を身に着けるだけではありません。英語を学べば、「英米の堅実な気風に触れ、世界人類に対する博《ひろ》い同情心が養われ、生徒の人格を向上させること」になると言います。

同様に「聖書と教育」について語り、本校では「万事基督教主義で教育を施している」と言います。「聖書が生徒の人格を養うに最も必要なものであると信じている。これを取り去れば、本校の生命はなくなる」と断言しています。毎朝、学校で行われる礼拝は神への日々の挨拶であり、これにより人格は引き上げられます。聖書は精神を養う糧、進むべき道を示す磁針です。「子女の教育にこの信仰の涵養は肝要である」と言います。

その上で、「さりながら、本校は寄宿舎の生徒は別として、生徒に教会に出席せよ、洗礼を受けよとは言わぬ」と言います。受洗はあくまでも本人の意志によります。人格を形づくる聖書の力を大切にしてキリスト教教育を行う一方で、基本的に信仰と教育を区別しているのです。

このようなキリスト教教育によって、生徒が「訳の解る女」、「家庭に役立つ人」、「どこまでも頼みになる女」、そして「恐るべきことを恐るる人」になることを目指すと語っています。

(二) 校長就任挨拶

中澤は一九二〇(大正九)年一一月二日、北陸女学校校長に就任しました。当日の歓迎会で挨拶し、校長就任を祝うために集まった職員生徒、同窓会会員に感謝を述べた後、「本校はどこまでも創立当時の精神を擁護し、これを発揚するように努めねばなりません」(一九二一[大正一〇]

年「会報」一四号）と強調しています。

しかし同時に、「その形式に至りては、時代に応じて変化しましょう」と述べました。その例として、以前、多かった英語と聖書の時間を減らす、四年制から五年制への移行を検討する、またバザーや公開講演会といった社会貢献を行うことなどを挙げています。建学の精神に堅く立ちながらも、その表し方は、時代の変化に合わせ、柔軟に行うべきだと言いました。

(三)「私学の特徴と本校の計画」

一九二七（昭和二）年発行の「会報」一九号冒頭のこの論説で、中澤は私学を、①官公立の補完型、②教育者個人の理想追求型、③宗教校の三種類に分類しました。その第三の類型であるキリスト教学校が、わが国女子教育の先駆的役割を果たし、現在、その卒業生が指導者として、また健全な家庭人として社会に貢献していると指摘します。私学である本校の精神が大きな教育的効果をあげる可能性に触れ、これを強調します。「したがってわれらは本校の伝統的精神を尊重し、これを擁護する任務の重大なことを覚える」と言います。

同時に、「本校職員生徒の信仰は、もとより自由であって、何宗を信じるも、また何ら信仰なきも差し支えないが、少なくとも本校の精神を理解し、その方針に対して寛容なる態度をとるべきは当然である」と書いています。学校の基本精神を守りながらも、教職員や生徒に対しては、広く寛容な思いを述べています。

キリスト教学校としての本校の実際的特徴は、毎朝一五分の礼拝と、修身科に教科書とともに聖書を用いること、さらに日曜日の運動競技には参加しないことなどがあるにすぎないが、それを守ることが重要であると語っています。

㈣　創立五〇周年記念式典の式辞

北陸女学校は一九三五（昭和一〇）年一〇月一六日、創立五〇周年を迎え、記念式典を行いました。その式辞は、同年発行の「会報」二六号に載せられています。そのなかで中澤は、金沢女学校開校式で創立者ヘッセルが語った「幼児を養育する婦人は世界を支配する」という言葉を引き、本校がキリスト教主義に基づき、女子教育の重要性を一貫して認識し、その推進のために努力してきたことを強調しました。

つづいて、「本校教育の方針としましては、教育勅語の御精神を奉戴するは申すまでもなく、基督教主義によりて宗教教育を施し、敬虔にして明朗、倹素にして周密なる徳性を養成するに努め」ると述べています。「基督教主義によりて宗教教育を施し」と、学校の基本精神を明らかに示しました。これが、二年後に設立される財団法人北陸女学校の寄附行為、つまり学校の規則の第一条へとつながることになります。当時、一九三一年の柳条湖事件以来、軍国主義が台頭し、思想の統制が強まっていました。一九三三年の国際連盟脱退、翌年末のワシントン海軍軍縮条約破棄と続き、国家主義・排外主義が高まっていました。その中でキリスト教主義を掲げることは、時の流れに抵抗して学校の立場を明らかにする行為でした。

このように中澤は、一貫して信仰と教育を区別し、キリスト教学校の教育の質を確保し、向上させながら、なお、時代に応じた新しい形で建学の精神を守ろうとしたのです。

3　キリスト教学校の形成

以上の中澤の姿勢は、外国ミッション・ボードによるミッション・スクールを脱し、日本に根ざした自給独立の新しいキリスト教学校を形成する方向へと進んでいきます。

あの「創立四十周年を迎えて」（一九二五年「会報」一七号）では、「基督教主義学校将来の学校政策」に関する調査委員会の報告を引用し、この方向性を打ち出しました。そこでは、ミッション・スクールという名称が与える危険を指摘しています。

誤解を受ける危険、「その一は、信者を作ることを首要の目的とし、教育は単に方便と思われること」です。中澤にとってキリスト教学校は、キリスト教により、個人の人格を高める最良の教育を行うべきであり、そこでの教育活動は、伝道方策の一つ、あるいはたんなる手段であってはならないと言います。

危険、「その二は、外国人に属し、彼らに支配され、外国の利益のために建てられていると思われること」です。日本のキリスト教学校は、外国による支配の手先であってはなりません。日本人が主体となって担われるべきです。このことは、戦争への道を歩み始め、排外主義に陥りやすい時代の、しかもキリスト教への偏見の強い北陸地方にあっては、とくに強調する必要がありました。

4　金沢女学校・北陸女学校におけるキリスト教教育の発展

中澤の掲げたこうした方針は、金沢女学校創立当時のキリスト教教育に対する考え方と、どのように関係するのでしょうか。建学時の精神はどう継承されたのでしょうか。あるいは変更されたのでしょうか。

創立者ヘッセルが金沢女学校設立を石川県令に願い、認可を得た一八八五（明治一八）年三月二一日付けの金沢女学校教則第一項は「生徒教養の目的　道徳を本《もと》とし、普通学を授け、善良有益なる女子を養成するを目的とす」となっていました。そこには、キリスト教教育を行うとは記されていません。「禁教の高札こそ撤去されてはいたが、キリシタン禁制の太政官布告はまだ生きていた時代であったから、いたし方もないことであった」（『北陸学院百年史』一六ページ）と思われます。

けれども「道徳を本とし」という表現には、創立者ヘッセルが学校設立の理念とした「主を畏れることは知恵の初め」という詩編一一一編一〇節の言葉が反映されています。また「善良有益なる女子を養成する」という目的は、創立者にとっては、キリスト教教育によってこそ達成されることでした。

実際、一八八七（明治二〇）年八月に認可された改正規則に付けられた課程表では、予備科を含め、全学年の修身教科書として『新約聖書』、『旧約聖書』が挙げられています。この年、旧約の日本語訳が完成したばかりでした。これを、早速、教科書に採用したのです。ただしこの点については、一八九三（明治二六）年一二月二五日付けで石川県より、聖書を修身の教科書として用いることを禁じる通達が出されています。

さらに一八九七（明治三〇）年に制定された金沢女学校同窓会規則の第二款は、「本会ノ目的ハ卒業生各自ノ関係ヲ親密ナラシメ且ツ基督教的教育ニ重キヲモタシムルニアリ」（傍点は筆者）となっています。県の認可の必要な教則や校則には、キリスト教に基づく教育を謳《うた》うことはできませんでした。しかし認可の必要のない諸規則には、学校の基本的な立場を鮮明に打ち出したのです。

一方、一九〇〇（明治三三）年四月一日に北陸女学校と改称した当時の学則の第一条は、「本校ハ女子ニ須要《しゅよう》ナル高等普通教育ヲ授クル所トス」となっています。金沢女学校教則第一項を全面的に変更したように見えます。しかし実はこれは、高等女学校令に書かれた「教育の目的」の条文（第一条）を、ほぼそのまま写したものにすぎません。そこでは、「高等女学校ハ女子ニ須要ナル高等普通教育ヲ為スヲ以テ目的トス」となっていました。これを北陸女学校学則に、機械的に援用したのです。キリスト教教育を守るためにあえて公認学校の地位を離れ、校名改称まで行った北陸女学校でしたが、認可を必要とする学則の上では、国による教育統制の大きな力に抵抗することができませんでした。しかし他方では、公立など一般の高等女学校に並ぶ高い水準の教育内容を目指して、日本の学校制度に合わせようとしたのでしょう。

このような時代の急流の中で北陸女学校に赴任した中澤は、一九三七（昭和一二）年の財団法人設立まで、三五年にわたり、あえて校則にキリスト教の文言を入れて無用の混乱を引き起こすことを避けました。他方、金沢女学校時代から続く高度な英語教育とともに、礼拝や聖書の教育を受け継ぎ、実質的にキリスト教学校であることを守り、発展させようとしました。毎朝の学校礼拝や入学式、卒業式、始業式、終業式などでは、聖書に基づき、よく準備された奨励を行いました。その膨大な原稿が残されています。

こうした努力は、一九三七年一月一二日に財団法人北陸女学校が認可され、実ることになります。その寄附行為、つまり学校の規則の第一条は「本法人ハ教育ニ関スル勅語ノ御趣旨ニ基キ基督教ノ主義ニ拠リ女子ニ教育ヲ施スヲ以テ目的トス」（傍点、筆者）となっています。「基督教ノ主義ニ拠リ」という言葉が、金沢女学校創立以来、初めて明文化されました。すでにその前年、保護者などへの学校説明のために作成された「教育の要旨」では、「教育の目的」として「本校は教育勅語ならびに諸詔書の御趣旨に適い、基督教的信念に基き、家庭及び国家社会の建設進展に貢献すべき、品性と教養とを具ふる女子を養成するを以て目的とします」（傍点、筆者）と書かれていました。また「生徒心得」の「訓練要旨」第一項も「教育勅語及ビ諸詔書ノ御趣旨ニ適ヒ基督教ノ信念ニ基キ女子トシテノ品性ヲ備ヘシムルコト」（傍点、筆者）と定めていました。

キリスト教学校を形づくるのに困難な時代と地域にありながら、中澤は十分に時間をかけ、周到な準備を重ねて、本校の建学の精神を受け継ぎ、高めていったのです。

「だから、蛇のように賢く、鳩のように素直になりなさい」（マタイによる福音書一〇章一六節）という主イエスの言葉のとおりです。

第5章―中澤校長の基本方針(2) 内容の充実

中澤正七は、北陸女学校がキリスト教学校であることを守り、さらに発展させました。信仰と教育とを区別しながら、キリスト教精神に基づいて教育の内容を充実させました。具体的には、外国伝道団体の経営による、伝道を第一の目的としたミッション・スクールから、キリスト教精神に基づき、日本の地域性に根ざし、日本人によって支えられるキリスト教学校へと、転換したのです。その結果、それまで、英語と宗教の教育が中心で、地域の広い支持と多くの生徒を得られなかった本校が、キリスト教に基づく人格教育を行う、質の高い学校へと成長する道が開かれました。

しかしそれを実現するには、教育機関としてふさわしく、内容を充実させる必要があります。とくに、一度は宗教教育を守って公認学校の地位を失ったため、公立高等女学校に匹敵する教育内容を作り上げ、それが広く社会に認められることが必要でした。中澤が中心となり、北陸女学校が行った教育内容の充実とは、どのようなものだったのでしょうか。

1　学務制度の改革

㈠　各科の設置と改廃

中澤はすでに主幹であったときに、一方では北陸女学校の予備科を順次廃止しながら、他方では、さまざまなコースを設け、学びの多角化を図りました。校長となってからは、一九二九（昭和四）年度より、それまでの音楽講習科と補習科を合わせて専攻科とし、英語専攻科と音楽専攻科を置きました。より専門的で高度な学びのできる学校を目指しました。それが、後に、専門学校、つまり大学を作る夢へと発展していくのです。

㈡　四年制から五年制学校へ　一九二二（大正一一）年四月

主幹であったとき、中澤は、北陸女学校が四年制高等女学校と同じ力のある学校であることを、国が認めるよう働きかけ、文部大臣の指定を得ていました。しかしそれで満足しません。四年制だった北陸女学校を五年制に変え、さらに専門的な学びができるようにしました。

一九二〇（大正九）年一一月、主幹から校長となった中澤は、いち早くその就任歓迎会で「四年制度を五年制度にする」（一九二一年、「会報」一四号一二ページ）と述べています。ただ、年数を伸ばすだけではありません。五年制の学校になれば、本校創立の精神を、さらに大きく実現することができると考えたのです。

翌年の「会報」一五号の冒頭に、「今年を回顧して」という文章を寄せています。初めに「五年制と制服」と題し、五年制への学則変更の理由を説明しています。県内の他の女学校が四年制であるのに対し、本校のみが本年度より五年制を採用した結果、入学者は一〇〇名に減少しました。それでもなお五年制としたのは、「本校の如く語学や宗教的情操に重きを置くところに於いては、やはり五年制の方が、もっと徹底した、まとまった教育を施すことができる」からです。中澤は、キリスト教教育の精神を確立するには、教育年限を伸ばし、内容を充実させることが必要と考え、実現させました。この年度より採用した生徒の制服とともに、新しい女子教育を目指す中澤の志が感じられます。

北陸女学校卒業生の田村富子は書いています。

「私が金沢を去り、東京の学校を出て数年後、地方の県立女学校に勤めていたころ、ある朝、登校して校長に、『あなたの母校が五年制になりましたよ。そういう点、私立学校はいいナ、理想は手っ取り早く実施できるから』と言われまして、その朝の新聞に、母校の学制変更の記事と中澤先生の談話とを誇らしく読んだことを思い出しますが、当時、地方の学校としては、時代に先がけてそのようなことを実行されたのも、〔中澤〕先生の卓見と、女子教育に対する熱意のあらわれと申すべきでございましょう」（『おもかげ』一九ページ）。

北川不二は一九〇九（明治四二）年に能登地方で生まれ、北陸女学校に入学しました。一九二九（昭和四）年、卒業と同時に大阪女子高等医学専門学校に進みます。その後、金沢と七尾で医師としての経験を積みます。能登半島で最初の女性医師となりました。さらに奥能登の人々に求められて、当時、無医村だった宇加川に診療所を開きました。ここで、七〇歳を越えても、地域の医療に尽くしつづけました。その志は、北陸女学校で培われたといいます。中澤をはじめ、多くの先生が、キリスト教の信仰に基づき、献身的に生徒の教育に当たりました。また米国人の宣教師たちが遠い日本の、しかも北陸まで来て、愛情を込めて教えてくれました。その熱い教育の姿勢に感動し、自分もまた、人々を支える仕事をしようと決意したのです。生涯を、地域の人々の健康を支えることにささげました。最後まで聖書を読みつづけ、二〇〇一年、九一歳で天に召されました。本人の希望にしたがい、葬儀はキリスト教式で行われました。

創立五〇周年を迎えた一九三五（昭和一〇）年の時点ですでに、卒業生のなかから、医学へは六名、歯学へ八名、薬学へ六名、神学へ六名、女子師範へ一一名、その他、英語や保育、体育、音楽など、多方面に進学する者が出ています（『北陸五十年史』三九二ページ）。このように、さまざまな専門分野へと進む生徒たちが多く生まれます。北陸女学校は、文部省の指定を受け、またいち早く五年制を採用することで、学力とともに志のある生徒を育てていったのです。

(三) 五年制女学校の指定　一九三一（昭和六）年八月一〇日

五年制に移行し、最初の五年制卒業生が生まれてから四年後、その実績が認められ、北陸女学校は文部大臣から五年制学校としての指定を受けます。キリスト教教育を守り、各種学校の立場にありながら、教育内容では五年制高等女学校と同じ力があると、国家に認められたのです。学校制度の面では、中澤が目指した内容の充実は一つの目標を達したと言えます。以後、本校の入学者数は飛躍的に伸びていくことになります。

(四) 専門学校設置の夢

けれども中澤の抱いた志は、五年制女学校の文部大臣指定に留まりませんでした。専門学校、つまり大学を作ることを構想しました。

中澤は一九三四（昭和九）年六月二四日の日記に、大山吉郎理事が財団法人化準備のため上京し、本校の土地建物の所有権を持つ在日本プレスビテリアン宣教師社団と交渉していると記しています。交渉予定の項目には、財団法人化のために財産を譲りうけることや、校舎の改築に関することと並び、「本校に専門部を置くこと」が挙げられています。ただし翌日の日記には、「専門部設置の件は失敗」とあります。日中戦争が激化し、日本と米国・英国などとの対立が深まっていました。専門学校の設置に、ミッション・ボードから支援を受けることは難しかったのでしょう。

しかし一九〇四年度より補修科を設置し、一九二九年度からは二年制の専攻科を置くなど、専門学校を作ることは中澤の長年の夢でした。この志は、太平洋戦争後の一九五〇年に北陸学院保育短期大学が生まれ、さらに二〇〇八年に四年制の北陸学院大学が開学したことで実現することになります。

2 環境整備

こうした改革により、次第に生徒数は増えていきます。中澤が主幹として赴任した当時、わずか三一名であった在校生は、日露戦争後の女子教育ブームを除いても、徐々に増加し、一九一六（大正五）年度に一〇〇名を越えます。中澤が校長となった一九二〇（大正九）年度には二〇〇名を、さらに一九二六（大正一五）年度には四〇〇名を越えます。中澤が召された一九四四（昭和一九）年には八九三名になっていました。学則も変更して、収容定員を増やしました。一九一四（大正三）年には定員を二〇〇名に、一九二五（大正一四）年度には四〇〇名に増やします。それに伴い、校地を広げ、校舎と運動場を確保することが必要になります。そのために中澤は奔走することになります。

(一) 校地の拡張

初め、一八八五（明治一八）年三月二一日に石川県に認可された金沢女学校の校地は、前年一〇月に始めた私塾のヘッセル塾のためヘッセルが広坂通り九三番地に借りた九〇〇坪でした。同年四月と八月、上柿木畠に計五六三・四九坪を購入して新校舎を建てました。これを基《もと》とし、次々に隣接地を買収していきます。すでに中澤の赴任前、ケート・ショーが姉の寄付金により四五三・五二坪を買い増していました。さらに一九一四（大正三）年、三五二・一五坪を購入します。最終的に校地総面積は一九四一（昭和一六）年に、在日本プレスビテリアン宣教師社団から二〇六四・四坪の寄付を受け、四三〇一・七九坪にまで広がりました（巻末・表3参照）。

(二) 施設・設備の拡充

中澤は、増える生徒数に応じ、より良い教育環境を実現するため、施設の充実にも努めました（巻末・表4参照）。主幹であった時、一九一〇（明治四三）年一二月二三日の創立二五周年記念式典で、教育の改善と設備の充足が必要だと訴えています。

(1) 寄宿舎改築

中澤が主幹であったとき、すでに寄宿舎の改築が行われ、一九一二（明治四五）年五月に完成しました。新しい寮には四〇名の寮生を収容することができ、併せて二教室を新設しました。さらに一九一四（大正三）年七月に隣接地三五二・一五坪を購入し、そこにあった家屋を改修して作法室また茶室、料理室として使うことにしました。また新校舎と併せて運動場を整備し、テニスコートおよび七〇坪の雨天体操場、つまり体育館を作りました。これにより、どんな天気の日も生徒が十分に運動できるようになりました。またここは、式典会場としても用いられました。

⑵　一九二二（大正一一）年の校舎増築

中澤が校長となってすぐ、北陸女学校は校舎の増築に取り組みました。一九二二（大正一一）年に発行された「会報」一五号によると、小立野台地の飛梅に校舎を移す意見もありましたが、それには莫大な予算が必要です。創立以来の歴史ある上柿木畠の現校舎を模様替えすることが現実的であると判断しました。寄宿舎を移動し、既存校舎との間に四〇〇人収容の講堂と二教室などを持つ新校舎、宣教師館を建築しました。テニスコートを新設し、昇降口を変更、新しい塀を巡らし、樹木の植え替えなども行いました。これらの工事は、前校長のルーサーが帰国し、ミッション・ボードに資金提供を働きかけた結果、可能となったものでした。

⑶　創立四〇周年事業　校舎改築・改修

さらに一九二五（大正一四）年の創立四〇周年に際し、中澤は新たな校舎改築と改修を計画します。三年前に五年制女学校となり、また生徒数が三〇〇名を越えたため、教室が不足していました。この工事で、新しい四教室と理科教室、実習室を設けました。工事費用一万二〇〇〇円余りの大半を同窓生の寄付で賄《まかな》いました。金沢女学校以来、初めて、日本人の力で校地・校舎の整備が行われたのです。

このため、すでに二年前の一九二三（大正一二）年秋に準備を始めています。同年発行の「会報」一六号には、京阪神の同窓会に中澤が出席し、寄付を求めた記事が掲載されています。また「会報」一七号では、「この事業は、同窓生が創立者ならびに歴代の母校擁護者に対する感恩の徴を表し、また母校将来の発展を助勢するに足るものである」と述べています。さらに「まずこの事業を完成して後、更に十年を期し、本校の基礎を確立し、内容の一層充実せる教育機関たらしめんことは、本校関係者の切望するところである。これがために、内外有力者および同窓生の一段の援助と、天父の祝福の豊かならんことを祈る次第である」と結んでいます。

外国ミッション・ボードに頼らず、日本人関係者が学校を支えるべきこと、また学校の充実は単発の事業によるのではなく、長期的見通しをもって継続的に行われるべきであることが、ここに示されています。

(4) 皇紀二千六百年記念事業

入学者は毎年増え、一九四二（昭和一七）年度には在校生が八三〇名となりました。一八九一（明治二四）年に建てられた本館は老朽化し、また教室の不足と講堂の狭さは極限に達していました。そこで中澤は、一九四〇（昭和一五）年のいわゆる皇紀二六〇〇年の機会に広く募金を行い、三〇万円の予算で校舎を一新するという、思い切った計画を立てました。皇紀とは天皇の治世という意味です。この年が、神武天皇が即位してから二六〇〇年目だとする伝説に基づき、祝いました。

しかし実際は、翌年に太平洋戦争が始まり、募金は困難となります。そもそも膨大な資材を要する計画には県の工事認可が得られません。そのため計画を縮小し、四教室が入る新校舎を建設し、講堂を拡張しました。中澤の新キャンパス建設の夢は、一九五二（昭和二七）年の飛梅キャンパスでの高等学部校舎新築と、一九六七（昭和四二）年の三小牛キャンパスでの短期大学校舎新築によってかなえられることになります。

3　健康管理・運動の奨励

北陸地方は天候が不安定です。冬は雪が降って寒く、雨も多く、病気の多い土地です。そこで中澤は、生徒の健康管理に努めました。体育や戸外活動を勧めました。さらに給食や健康診断を積極的に行い、生徒の身体の成長と発達に留意します。すでに一九〇八年「会報」四号で、「遊戯のこころ」と題して、遊戯、つまり運動の意義を説いています。学習とのバランスを図りながら「克己して遊戯と学課に励め」と勧めました。

(一) 運動、戸外活動の奨励

中澤は生徒の健康と体位向上のために、運動や戸外活動を勧めました。テニスコートを整備し、雨天体操場を建てました。冬の運動としてスキーを奨励し、用具を北陸女学校後援会が購入しています。主幹時代に、友愛会、つまり今日のクラブ活動を組織しています。「友愛会規則」第一二条には、文学部、手芸部、訪問部と並び、運動部が設けられています。競技委員、運動委員、記録委員を置き、本格的な運動をしていたようです。「友愛会の事業」の中には「遠足と修学旅行 その主な場所は左の如くであった。河北潟、和倉、湯涌、吉野、黄門橋、柴垣、山中、片山津、手取ライン、三国、氷見、鳥屋、吉崎、雨晴、永平寺、黒部、瀬戸内海、関西方面、九州方面、四国方面」と記されています。北陸地方だけでなく、関西から四国、九州まで足を延ばし、修学旅行を行っていました。さらに目的地として「登山 白山、立山」が挙げられています。大正から昭和にかけて、道路も登山道も未整備でした。それにもかかわらず女学生を引率して高山に登るのは、相当大胆なことでした。

中澤自身が、登山を愛しました。自身、教師であった山本加志久は「先生は山がお好きでした。暇さえあれば、県立工業の野村先生と山歩きでした」と記し、さらに中澤が生徒を連れて白山や立山、さらに黒部渓谷にまで出かけていたと語っています（『おもかげ』一七ページ）。

㈡　健康管理

中澤は生徒の身体検査を定期的に行い、健康維持にも努めました。北陸女学校後援会の重要な事業の一つは、生徒の身体検査を行うことでした。その結果を一九三〇年の「会報」二一号で細かく報告しています。北陸地方は病人が多く、生徒の健康状態が懸念されたので、年一回の校医による身体検査の他に、金沢医科大学の応援を得て健康調査を行いました。その結果は母姉会で報告され、家庭に注意を促しました。スキーを奨励したのも、雪に降り込められる冬季に運動の機会を設け、健康を維持するためでした。

㈢　小立野グランド整備

運動を重視した中澤は、一九三五（昭和一〇）年の創立四〇周年記念事業の一環として、小立野飛梅校地をグランドとして整備しました。同年一〇月三一日に「附属運動場開き」を行い、運動会を催しました。すでに一九〇六（明治三九）年一〇月一七日に、ここで第一回の秋季運動会を開催していましたが、もっと運動を盛んにするため、後日、整備したのです。

4　給食

中澤は生徒の健康増進と体位向上のため、食生活を改善することが必要だと考えました。そこで一九三五（昭和一〇）年二月に給食を始めました。昼食時に副食を提供するというものです。この年の一〇月には、創立五〇周年記念事業の一つとして、同窓生による試食会を開きました。担当した宮下春によれば、給食の結果、生徒の料理への関心が高まり、偏食が矯正され、栄養についての知識が豊富になりました。さらには楽しく会食し、食後には教職員の話や音楽を聞き、食事を楽しんでいました。食事を共に楽しむ習慣を身に着けていきました。献立だけでなく材料の食品について分量や栄養、カロリーまで示され、当時としては進んだ食育を行っていたことがうかがわれます。

5 結び

キリスト教学校として教育内容を高めるという中澤の方針は、制度面、施設設備面、生活面での意欲的な改善へと結びついていきました。その努力が広く認められ、入学者の増加となって現れていきます。他方、校舎の全面改築整備や専門学校の設置などは、関東大震災や世界恐慌、戦争の激化などの時代状況により、後の課題として残されることになります。

「求めなさい。そうすれば、与えられる。探しなさい。そうすれば、見つかる。門をたたきなさい。そうすれば、開かれる」（ルカによる福音書一一章九節）。

中澤はこの主イエスの約束のお言葉を信じ、知恵と努力を傾けて、北陸女学校の充実へと向かって進んでいきました。

第6章——中澤校長の基本方針(3) 自給独立

ここでは、中澤正七のもとで、北陸女学校が、母体だったミッション・ボードからどのように独立して財団法人となり、自給独立への道をたどっていったのかを探ります。

1 北陸女学校経営母体の変遷

(一) 金沢女学校時代

金沢女学校の創立者は、米国長老教会宣教師のメリー・ヘッセルでした。それを支えたのは同教会宣教師のトマス・ウィンであり、フランシナ・ポーターでした。けれども一八八五(明治一八)年二月一九日に石川県に提出された女学校設立伺《うかがい》、つまり申請書では、設置者は里見鉞《えつ》となっています。当時は、外国人が滞在するには許可が必要でした。このため、日本人を校長とすることが必要だったのです。里見の後も校長は、第二代の青木仲英、第三代の戸田忠厚、第四代の水芦《みずあし》幾次郎、第五代の三野《さんの》季暢《すえのぶ》と、日本人が続きます。

けれども実際には、学校経営の大部分はミッション・ボードからの補助によって成り立っていました。学校の運営もまた、外国人宣教師が行っていました。阿閉《あとじ》政太郎によると、明治三〇年頃、「理事会の議長は、先年永眠になりましたテ・シ・ウィン博士、外に外人の理事は六人、本邦人で水登《みずと》勇太郎君および三野季〔暢〕氏でした」（『五十年史』二四ページ）。また日本人校長と並び、プリンシパル（英語の「校長」）として、ヘッセル、ネイラー、ショーが就任していました。外国人宣教師が金沢女学校を実質的に運営していたのです。

㈡　北陸女学校への校名変更時

この事情は、一九〇〇（明治三三）年に北陸女学校へと校名を変更した時も同じでした。同年三月二四日付けの名称変更申請書では、私立金沢女学校設立者に、水登勇太郎をはじめ、四名の日本人が名を連ねています。しかし経営および運営の責任は外国人宣教師にありました。北陸女学校へと校名が変更されても、この二重構造は数年、続いたのです。

㈢　ミッション・スクールに

二重構造が解消されたのは、中澤が主幹として赴任した一九〇二（明治三五）年の一〇月です。北陸女学校の土地建物を、在日本プレスビテリアン宣教師社団の所有としました。資産を売った形をとっていますが、金沢女学校創立以来、一貫して学校を支え、運営してきたミッション・ボードが、名実ともに学校運営責任を負うことになりました。背景には、条約改正に伴い、外国人の「内地雑居」が認められたことがあります。翌年には北陸女学校設立者はG・W・フルトン、J・G・ダンロップになりました。こうして北陸女学校は名実ともにミッション・スクールとなります。第六代から第九代まで、外国人宣教師が校長を務めました。

㈣　ミッションから理事会へ

一方で、中澤が主幹に就任し、教育内容と環境が整いつつありました。一九一三（大正二）年一月には、四年制高等女学校の指定認可を受けます。在校生も一〇〇名に迫ります。もはや教会と学校、伝道と教育の二足の草鞋《わらじ》を履いたままで、宣教師が学校運営の全体に当たることはできません。そこで教育と経営とを分離し、経営の責任を負う理事会を置くことになりました。一九一四（大正三）年一二月に第一回理事会が開かれます。その理事五名は、この時はまだ、すべて外国人宣教師でした。けれどもこうして、中澤の目指す、北陸女学校の自給独立への第一歩が踏み出されたのです。

㈤　創立四〇周年

中澤が校長となった一九二〇（大正九）年に在校生数が二〇〇名を越えました。二年後には三〇〇名を越えます。北陸女学校は県内の他の女学校に先駆け、四年制から五年制へ移行します。創立四〇周年を迎えた一九二五（大正一四）年には三五二名を数えました。この時、中澤は「創立四十周年を迎えて」と題し、学校の運営方針を明らかにしました（一九二五年「会報」一ページ以下）。その中で、「来たるべき十か年の計をたて、成し得べくは経営機関も財政も独立し得る基礎を作らねばならぬ」と記しています。また「学校の経営は或る時期の後に自立し得ることを目標とし、今より着々その歩武を進むべきである」としています。この方向を強めるため、一九二六（大正一五）年に、星野鐵男《てつお》と中村直《なお》の日本人理事二名を加え、理事を七名としました。さらに一九三二（昭和七）年には、外国人理事四名、日本人三名となります。

㈥　創立五〇周年

創立五〇周年を迎えた一九三五（昭和一〇）年に理事七名を一〇名とし、外国人四名、日本人六名とします。日本人理事が、初めて理事会の過半数を占めました。これは後の財団法人設立を見据えた措置でしょう。前年の一九三四（昭和九）年六月に、理事・大山吉郎が上京して在日本プレスビテリアン宣教師社団と交渉し、財団法人化について同意を得ていました。同時に、上柿木畠だけでなく、下本多町の附属幼稚園、また小立野の土地建物の一切を財団法人に寄付するなどの了承を取り付けていました。

(七) 財団法人設立

一九三七(昭和一二)年一月一二日に財団法人北陸女学校の設立が認可されます。法人の第一回理事会が四月二〇日に開かれました。

すでに創立五〇周年記念式典の前、七月二〇日に発行された「会報」二六号の「母校の財団組織について」で、中澤は説明しています。そこでは、学校が「きわめて自由に安全に学校独自の理想を実施していくことができ」、財団は「国家の厳重な監督の下に運用される」、したがって「母校の基礎は永久性になり」、「五十年間保有し来った学園の使命を何日までも、北陸の一角に継続させること」になると記しています。

一九三七(昭和一二)年発行の「会報」二七号で中澤は、財団法人化について報告しています(同二ページ以下)。その設立の経過、寄附行為つまり規則、財産目録も紹介しています。寄附行為の第一条は「基督教ノ主義ニヨリ女子ニ教育ヲ施ス」となっています。金沢女学校以来、五二年を経て初めて、本校がキリスト教教育機関であると明記することができたのです。また第四条第二項で、財団法人の基本財産が在日本プレスビテリアン宣教師社団から寄付されたものであるとしました。第七条の第二項では、法人運営費の一つとして同社団からの寄付金を挙げています。金沢女学校創立以来の米国長老教会の好意と尽力を忘れず、本校との絆を確認しているのです。元々、私立学校の財団法人化は、国家主義・排外主義に傾いていた日本政府が、とくに国内キリスト教学校と外国ミッション・ボードとの関係を警戒し、これを遠ざけることを目指し、一九一一（明治四四）年に私立学校令を改正して推し進めたものでした。これによって財団法人北陸女学校が設立され、その後、日本のキリスト教学校として確かに歩み出すことができました。中澤はそのことを歓迎しながらも、なお米国長老教会との信仰的な結びつきを大切にしたのです。

なお、中澤自身が理事に就任するのは、一九四一（昭和一六）年四月です。この年、春までに外国人理事が次々と帰国し、理事の欠員があったためです。それまでは、校長として理事会に陪席しました。彼自身は教育現場の責任者として立ちながら、しかし実質的に北陸女学校の基礎の確立と発展、そして経営に大いに貢献したのです。

二〇年以上、中澤のもとで国語教師として働いた江戸さい子は、この財団法人の設立を喜び、次の短歌を作りました（江戸さい子『歌集　にひしほ』一九四九年、七三ページ）。

おんめぐみゆたかなる我が学びやに今年の春の光先づ射す

中澤の方策は、教職員や同窓生に歓迎され、喜ばれました。

2　募金と基金設定

中澤は、外国ミッション・ボードに頼らない、日本に定着した自給独立のキリスト教学校を形成しようとしました。そのために創立五〇周年記念の後、北陸女学校を、ミッションから独立した財団法人としました。一方、自立のためには経済的な基盤が必要です。そこで、①国内募金の体制を作り、②基金を設定していきます。

(一)　国内募金の体制作り

すでに一九二二（大正一一）年一二月発行の「会報」一五号のなかで、中澤は同窓会員に母校支援に立ち上がるよう訴えています。この年、校舎の増改築を行いましたが、未完成の部分があります。「しかし建築の費用はもはやミッションに要求するわけにいかない」と記します。今後の学校経営は、「さし当たり、同窓会員の奮起と、我が国篤志家の同情とに待たなければならない」としています。その結果、一九二六（大正一五）年発行の「会報」一八号によると、中澤は創立四〇周年記念事業では、校舎の増築と理科教室の改造を行いましたが、その工事費用一万二〇〇〇円余りの大部分を国内募金で賄いました。それはおもに校内の購買店やバザーの益金、同窓生や生徒・保護者の寄付でした。一九二三（大正一二）年九月一日に関東大震災があり、日本経済は手痛い打撃を蒙りました。東京在住の同窓生も多くが被災し、困窮していました。中には、長谷川豊子のように死に至った者もあります。それでも募金は好調でした。このことに中澤は自信を深めたことでしょう。

それ以前の校地取得や校舎建設・改修は、おもにミッションからの補助ないし外国からの寄付に頼っていました。創立四〇周年を迎え、ようやくこれらを主として日本国内の募金によって行うことができるようになりました。中澤の目指す自給独立体制への機運は高まったのです。

(二)　基金設定

創立四〇周年に当たり、中澤は一九二五（大正一四）年発行の「会報」一七号で、基本金を創設することの重要性を述べています。

「学校の経費を授業料のみの収入によりて支弁する方法は、不自然に生徒を増加し、また世俗に迎合する弊風を伴いやすい。ゆえにわれらが学校財政策としての急務は、一、基本金を作ること、二、卒業生その他有志より年々一定額を寄附する維持員を募る事業である」（四ページ以下）。

当時、在校生は三五〇名を越えていましたが、その授業料収入だけでは質の高い教育を行うことはできません。それを可能にするため、学校運営のため寄付を集める組織を立ち上げ、基本金を作ろうとしました。その協力を同窓会に期待したのです。

「思うに本校の使命は、なお将来にある。過去四十年は準備の時代であった。今や漸く青年期に入り、内外の情勢に促されて、自ら進路を開拓せねばならなくなった」と訴えています。

同時に、外国ミッション・ボードに安易に頼ることを戒めました。翌年、発行の「会報」一八号三八ページ以下で、「記念事業余録」として、今後の計画に触れています。さらに施設設備の拡充が必要であり、そのために同窓生が寄付に応じるよう求めました。「従来、私どもは、外国のお方からは貰うことを考え、与えることは忘れがちであった」。しかし創立四〇周年にあたり、多くの同窓生が支えてくれました。今後も、自分たちで母校を支えてほしいと訴えたのです。

この年一一月一〇日には、京阪神方面の同窓会に出席し、「今回ミッションからの補助が二分の一に減ぜられ」ること、「かかる補助金は、将来なくなるかもしれません」、「補助を受けずして独立して行くことができれば理想的」であると伝え、「それゆえに、あなた方が母校のために御尽力を願いたい」と要請したと報告されています（一九二七年「会報」一九号三ページ）。

(三) 基本金設定計画

一九二七（昭和二）年四月の理事会は、基金の設定を決議しました。同年発行の「会報」一九号の中で中澤は、「本校は……十年計画として十万円の基金を醵集する……まず最初の五年間に五万円を募集する」と書きました（三ページ）。

「わが国運は粛々として既に世界屈指の大国となれる今日において、少額とはいえ外国伝道会社の補助を受けなければ経営ができないと云うのは申し訳ないことである。速やかに自治独立の計をたて、創立者の遺業を完成することに、何人よりも先ず同窓会員諸姉の大いなる責任となさねばならぬ」（四ページ）。その上で同窓生の奮起を促しています。

一九二八（昭和三）年発行の「会報」二〇号二〇ページ以下を「基金の頁」とし、同窓会長・中村直が募金を呼びかけました。さらにこの基金募金を「御大典記念事業」とし、昭和天皇即位に際し、母校に捧げることが国家への奉仕になるとしています。また北陸女学校募金委員会の名前で同窓会員に呼びかけ、そこでは募金に応じることが「創立者ならびに伝道会社多年の好意に酬ゆることをうるのみならず、いささか、国家に対する奉仕の一端ともなる」とされています。学校の自給独立への強い願いが込められています。

しかし実際には、十万円基金募金は、容易には進みませんでした。当初の五年で五万円という目標に対し、一九三四（昭和九）年一一月の時点で一万五四七円が集まったにすぎません。募金開始後、一九二九（昭和四）年一〇月のニューヨーク株式市場暴落によって世界恐慌の嵐が吹き荒れ、経済の回復は容易ではありませんでした。

㈣　財団法人基本金設定

この基金募金は、将来の財団法人の基本金を設定する準備となるものでした。しかし五年で五万円、一〇年で一〇万円という目標は、世界恐慌による経済不振のため、達成できませんでした。それでも募金方法を変更、工夫し、同窓会各支部が率先して同窓生に協力を呼びかけました。創立五〇周年に当たる一九三五（昭和一〇）年七月発行の「会報」二六号は、財団法人設立に向け、秋の記念式典までにとりあえず三万円を集めようと呼びかけています。この年の末に募金総額は二万一四二七円となり、後の寄付を含め、一九三七（昭和一二）年一月の財団法人設立時の基本金は、創立当時の財団法人北陸女学校寄附行為第四条第一項によると、二万二八〇〇円となりました。一九三七年の「会報」二七号で中澤は、基本金設定のために同窓生が負った労苦をねぎらっています。

「その醵集の基本金額は、他二三の学校が募集しつつある幾十万円、幾百万円に対して比較的小額ではあれど、これがために多年、家事を節約して零細の金額を積み立てたものがあり、不起の病床に横たわりながら寄付を遺言したものもあり、あるいは精々辛苦して蓄積した夫君の遺産を割愛したものもあり、その他一人として忍苦、奉仕の結晶でないものはない」（三ページ）。

㈤　皇紀二千六百年記念事業募金

校舎本館が老朽化し、また生徒数が増大したため、一九三七（昭和一二）年四月二〇日に開催された財団法人第一回理事会は、校舎改築とそのための募金を計画しました。三〇万円を目標とし、皇紀二千六百年記念募金としたのです。しかし一九四〇（昭和一五）年一月末までに集まったのは一万三八三九円でした。日中戦争が泥沼化し、景気は回復しません。財団法人基金設定の募金が失敗したばかりでもあり、実状は厳しかったのです。結局、当初の建築計画を大幅に変更せざるをえませんでした。むしろ太平洋戦争が始まって一年が経とうとする一九四二（昭和一七）年一一月に、校舎を増築することができたのは幸いであったと言うべきでしょう。

3　結び

中澤は、北陸女学校主幹に就任して以来、キリスト教教育の発展のため、教育内容の充実とともに、学校の自給独立を目指しました。在日本プレスビテリアン宣教師社団と協力しながらも、学校の運営を担当する理事会に日本人理事を次第に増やしていきます。ついには北陸女学校を財団法人とし、経営と教育の責任を日本人キリスト者が担う、独立した学校へと育てました。

同時に、校舎施設の新築、改築、改修等の事業を、日本人が主体となって行う体制を整えました。とくに同窓会を組織化して募金を集め、経費を賄うとともに、学校経営に必要な基本金の設定に努めました。これは、時代が厳しかったため、十分に果たすことはできませんでしたが、学校が自給独立していく道を付けたのです。

これらの結果、北陸女学校は、北陸・金沢にあって、時代の圧力に耐えてキリスト教精神を守り、教育機関としての存在意義を増していくことができました。

「何よりもまず、神の国と神の義を求めなさい。そうすれば、これらのものはみな加えて与えられる」（マタイによる福音書六章三三節）という主イエスのお言葉が思い出されます。

第7章 戦時下の学校運営

一九三七（昭和一二）年—一九四四（昭和一九）年

北陸女学校が直面した課題の一つは、一八九九年に、学校で宗教教育をすることを禁止されたことでした。これに対して、北陸女学校は各種学校となる道を選び、キリスト教教育を守りました。この制約を受けながら、中澤正七は、北陸女学校の教育内容を高め、また自給独立の体制と経済基盤を整えました。正式の高等女学校に並ぶ、高い質の教育を実現しました。

しかし、もう一つ、大きな壁が立ちはだかります。それは、日本が日中戦争から太平洋戦争への道を突き進んだことです。米国や英国といったキリスト教諸国を相手に戦うことになりました。日本国内では、キリスト教学校に対して、敵に通じているのではないかという疑いの目が向けられます。とくに北陸地方では、キリスト教への理解が十分ではありません。アメリカ人教師のいる北陸女学校に対して、世間の風当たりは強かったのです。そのため、特徴の一つであった英語教育は弱められることになります。

また、政府と軍部は無謀な戦争に固執し、これを続けるため、天皇の神格化を推し進めます。

天地を造られた唯一の神を信じるキリスト教の信仰と、天皇を神に祀《まつ》り上げる全体主義イデオロギーが衝突します。北陸女学校の根本精神が脅かされます。学校は存立の危機に直面しました。

このような困難なときに、中澤は、校長として冷静に時代を観察し、さまざまな策を次々と講じて北陸女学校を守らなければなりませんでした。その戦いを見つめます。

1　日中戦争から太平洋戦争へ

明治維新後、近代日本は、欧米列強と肩を並べようと、朝鮮や台湾に続き、中国も支配下に置こうとします。国内の経済の停滞を打開し、産業の原材料と製品市場を確保するために、植民地化しようとしました。中国東北部に、いわゆる「満州国」を建て、属国とします。さらに一九三七（昭和一二）年七月七日に盧溝橋事件を起こし、中国と戦争状態に入ります。しかし戦況は思わしくありませんでした。世界の諸国から非難を受け、日本は孤立します。そのため、ドイツ、イタリアとのファシズム枢軸国で三国同盟を結びます。一九四一（昭和一六）年一二月八日には真珠湾を攻撃、米国や英国など、連合国に宣戦布告し、太平洋戦争に突入します。その結果、一九四五（昭和二〇）年八月一五日にポツダム宣言を受け入れ、無条件降伏へと至ることになります。

2　日中戦争のもとで

㈠　戦争の影

北陸女学校にも戦争の暗い影が落ちました。

すでに一九三六（昭和一一）年、本校に愛国子女団が結成されています（一九三七年「会報」二七号二六ページ）。戦争協力のために、愛国婦人会という団体がありました。その少女組織として校内で活動しました。中国に駐屯する軍司令部へ、激励の電報を送ったり、国防献金に協力したりしています。戦時体制はすでに始まっていたのです。

一九三七（昭和一二）年末には、御真影、つまり天皇の写真を奉安殿に置き、日直・宿直制を採って護衛した上で、教職員と生徒が拝戴《はいたい》するようにしました。一般の学校はすでにこれを行っており、北陸女学校も後から従ったのです。

翌年には、他校とともに勤労報国隊を結成し、飛行場整備の勤労奉仕などに加わっています。むしろ中澤は、北陸女学校の協力姿勢を強く打ち出し、印象付けようとしました。生徒が傷病兵を慰問し、また北陸で初めての鼓笛隊を組織して陸軍記念日に行進しています（一九四〇年「会報」二九号三三ページ以下）。それらは新聞記事となり、北陸女学校の姿勢を広く示しました。

一九三九（昭和一四）年には靖国神社大祭に合わせ遥拝式を実施し、毎週月曜日の朝礼で宮城

1939年3月6日に結成した鼓笛隊。左端が中澤正七校長。
最後列中央が草葉了教頭。

遥拝、つまり天皇のいる方角に向かって深く礼をする儀式を行うようになりました。北陸地方で初めて女子校での軍事教練を行い、新聞で取り上げられました。飛行場整備や公立グランドへの砂利運びなど、勤労奉仕を行い、傷病兵の慰問も続けました。

一九四〇（昭和一五）年は、いわゆる皇紀二六〇〇年とされました。その記念として奉祝行事に加わる一方、白山山ろくの植林事業の勤労奉仕をしました。夏には射撃訓練に参加したことが新聞で報道されています。

㈡　中澤の対応

一九三六（昭和一一）年九月の愛光会例会の礼拝で、同窓生が行った奨励の内容について批判する記事が新聞に出ました。愛光会は、キリスト者の生徒の集まりです。そこで、唯一の神を礼拝すべきで、乃木神社のような祭神を拝む必要はないという趣旨の発言があったというのです。それが日本の国家体制を危うくするものであり、特別高等警察が調査に乗り出したと報道されました。中澤は直ちに生徒たちと関係者から事情を聞き、新聞社に説明して誤解を解きます。県庁に出向いて説明し、また朝礼で生徒全員に指示を与えました。そこでの中澤の立場は、神社は宗教ではなく国家行事であって、敬うべきであるが、キリスト教の唯一の神とは異なる、というものでした。

また、一九三七（昭和一二）年九月に政府の「国民精神総動員計画実施要綱」が出ます。これに中澤は直ちに応じ、「実践要目」を作成、配布します（一九三八年「会報」二八号二〇ページ）。日本精神の発揚や戦時修養、体位の向上、質素倹約などの他、祖先崇拝・神社敬礼などについて指示しました。

これに関連して、この「会報」二八号の冒頭に、中澤は「国民生活の一大転機」という文章を載せています。中国での戦争により、国民生活は厳しくなっているが、これは逆に、奉仕の精神を養い、発明や研究、節約などの道徳が普及する好機であるとしています。戦争そのものへの評価は慎重に避けながら、国民の道徳生活を向上させることが政府の意図だと解釈しました。

同時に同「会報」五〇ページ以下に、「事変下に巣立つ女性へ」と題した卒業式の式辞を掲載しました。困難な時代だからこそ、個人の幸福だけを追求するのではなく、国家のために自分の任務を果たすこと、困難に耐えること、不正を見逃さないことを求めています。同時に祈ること、それも黙祷することを強調しました。言葉尻を捕えられ、一方的に批判されかねない時代に、神の前に沈黙して祈ることの大切さを訴えました。「中澤の深い配慮のあるところであった」と、『百年史』三二六ページは指摘しています。

一九四〇（昭和一五）年八月、全国紙に、文部省が外国人の経営する学校に対し、認可取り消しも視野に入れて取り締まりを強化する方針だと報道されます。石川県の新聞にも、外国系学校の閉鎖を求める主張が掲載されます。それはすなわち北陸女学校を指していました。夏休み中でしたが、中澤はすぐに全校職員と生徒を集め、話しました。北陸女学校はすでに外国ミッション・ボードの手を離れていること、日本人の教員が教え、日本の財団法人となって経営されていること、生徒は心配せずに勉強に励むように、と勧めました。

その年の七月、プロテスタントの救世軍本部がスパイ容疑で捜索を受け、検挙される事件が起きていました。それに対して中澤は、八月一一日の「北国毎日新聞」に「声明」を発表しました。その中で、この事件がキリスト教そのものとは区別されるべきであること、本校はすでに財団法人化しており、日本人の経営であることを強調しました。その上で、「世間よりいろんな誤解なきよう、日本キリスト教はかくあるべきと、全国キリスト教系学校にさきがけ御真影を奉安し、皇道にのっとって全校一体となり、皇国民錬成にまい進いたしているのであります」と書きました。

さらに九月には、校内に飾られていた聖画なども、山内一豊を助けた妻の千代や、楠正成の妻などに替えています。見かけ上、キリスト教色を薄め、世間との摩擦を避けようとしました。次第に戦時色が強まります。翌年の末には太平洋戦争が始まります。同時に、キリスト教学校への圧力も、さらに高まっていきます。そのなかで、中澤は、懸命に学校と生徒を守ろうとしました。その苦心がうかがわれます。

3　太平洋戦争の激流のなかで

㈠　戦時下の北陸女学校

一九四一（昭和一六）年になると、国内で英国や米国に対する反感が高まります。外国人の先生たちは、日本に残ることに不安を感じました。マイルス、ウィルキンソン、ライザーたちアメリカ人教師と理事は、春までに帰国します。その危機のなか、ライザーは最後まで学校のために働きました。その働きかけにより、在日本プレスビテリアン宣教師社団から飛梅町の土地と建物が、旧ウィン邸を含め、北陸女学校に寄付されることになります。

ライザーを送るにあたり、江戸さい子は短歌を作りました（『にひしほ』八〇ページ）。

雲水の動きにつれて思はまし君が去りゆく万里の彼方

これに応えてライザーもまた詠んでいます（同八一ページ）。

ふるさとに朝夕祈り平和の日来らばまたもここにかへらむ

ライザーが日本と北陸女学校を愛し、強く平和を願っていたことが分かります。

しかし戦争は学校に、いっそう暗い影を落とします。その春、自由なクラブ活動組織であった友愛会は、全員参加の北陸女学校報国団となり、夏には報国隊へと名前を変えます。各学年を中隊、クラスを小隊と呼ぶ軍隊形式になりました。学校が軍国主義の色に染め上げられていきます。

教会も同じです。六月には、三〇以上あった日本の福音主義、つまりプロテスタント諸派の教会が合同し、日本基督教団となります。各教会・教派の特徴は抑えられ、一つにされて戦争の遂行に協力しなければならなくなります。

一二月八日に太平洋戦争が始まり、生徒は翌年一月より、毎月、護国神社に参拝するようになります。秋には、英語を必修科目から選択科目へ変更します。金沢女学校時代から学校の特徴であった英語教育は後退することになります。さらに理事会は、財団法人北陸女学校の規則である寄附行為から、在日本プレスビテリアン宣教師社団からの理事の派遣と補助金の項目を削除しました。

一九四三（昭和一八）年一月に文部省から中等学校令が出されます。これに合わせ北陸女学校は学則を変更し、五年制を四年制としました。これは、正式な高等女学校になる機会でもありましたが、中澤は指定学校に留まることを決断します。戦時下の制約はあるものの、キリスト教教育を貫こうと考えたのでしょう。

学校は自由な教育の場から、規律に縛られた団体行動で修練を積む場へと変わってしまいました。学ぶことよりも、戦争を続けることに協力するのが主な目的となります。それまで、形の上では自主的な勤労奉仕であったものが、六月に学徒戦時動員体制確立要綱が決定され、女子生徒も勤労動員の対象となります。夏休みもなく、一、二年生は農園の草刈り、三年生以上は軍服製作に当たります。五年生の一部は裁縫工場に出勤しました。

一九四四（昭和一九）年には、学校のなかに女子挺身隊が組織され、舞鶴の軍事工場や、金沢各地の工場に生徒が送られ、労働に従事するようになります。その果てには、学校のなかに作業場を作りました。学校を軍需工場としたのです。その他にも造林地での草刈りや稲刈り、馬糞拾いや畑作業などに汗を流します。制服はもんぺになり、白い鉢巻を頭に締めて作業に追われました。

そもそも学校であること自体が難しい時代でした。その上、キリスト教学校であろうとするのは、困難をきわめました。過労と心労があったのでしょう。この年の一一月、中澤は病気のため、天に召されることになります。その最期については、第一〇章をご覧ください。

北陸女学校を支え、導いてきた中心人物が亡くなり、学校には悲しみと衝撃が走ります。一方では、日々、戦況が悪化していきます。それに伴い、北陸女学校をめぐる状況もまた、容赦なく厳しくなっていきます。

中澤の死後、金沢教会牧師の上河原雄吉が校長事務取扱となりますが、一九四五（昭和二〇）年に入り、式典で教育勅語を読み違えたのをとがめられ、辞任します。

四月に市川潔が後を継ぎますが、学校で毎日守られていた礼拝を中止しました。背景には「焚書《ふんしょ》事件」があったと言われています。岡田慶子は、これについて一九七五年「会報」三七号四六ページに書いています。それによると、県の視学官という教育監督者が学校に現れ、聖書と賛美歌を運動場で燃やすよう生徒に指示したというのです。生徒たちは涙を流しながら従ったとあります。多くの同窓生がこの出来事を目撃していないので、事実であったかどうかは分かりません。しかし当時の生徒たちは、キリスト教学校への世の強い圧力を感じていたのでしょう。こうしてついに、中澤が苦心して守ってきた学校の礼拝が、敗戦までの最後の九か月間、行われなくなってしまいました。そして八月一五日に敗戦を迎えます。

(二) 中澤の働き

日中戦争から太平洋戦争へと、日本は混乱の泥沼にはまり込みました。教会とキリスト教学校に対する風当たりはじつに厳しいものでした。そのなかで中澤は、必死に学校を守ります。生徒と教職員のために、命を縮めながら働きました。

一方で中澤は、冷静に状況を見つめていました。その膨大な校長日誌には、戦争を美化したり称賛したりする言葉は記されていません。淡々と事実を書き込むだけです。むしろ、太平洋戦争初期、日本中が緒戦《しょせん》の勝利に沸き立っていた一九四二年二月には、こう記しています。

「二月十六日に、シンガポール占領、同十八日、昭南市〔と改名したシンガポール〕に入城、奉祝式を行う。日本人、さきのこと知らず、戦勝に酔う」(『八十年史』二〇五ページ)。

軍部の宣伝に浮き立ち、足元を見失っている日本の危うさを、中澤は見抜いていました。この冷静さがあったからこそ、当時の危機を切り抜け、生き残る道を探しつづけることができました。

他方で中澤は、天皇制や国家神道を国家行事として認め、それに敬意を払うことを認めました。キリスト教への批判をかわすため、当時の国家神道に一定の妥協をしました。新聞を使い、国家への協力姿勢を、世に強く印象づけることもしました。今日では、これらに違和感を持たれるでしょう。キリスト教の信仰を逸脱し、国家神道を容認したようにも見えます。また誤った戦争に加担したとも受け取れます。中澤の限界がそこにあったということもできるでしょう。一方では、それほど当時の状況は厳しかったと思われます。

ただし、中澤は、時代の流れに完全に呑み込まれてしまったわけではありません。神社への敬意は、聖書の唯一の神に対する信仰とは、根本的に質が異なります。この考えを変えませんでした。戦争中も、一貫して学校の礼拝を守りつづけました。また北陸女学校に疑いの目が向けられた時にも、冷静に対処し、当局に説明して納得を得ることができました。今日で言う、危機管理の感覚を持っていました。

また中澤は、以前から、北陸女学校が財団法人となるために努力してきました。日本の学校として高い質を持つ教育内容を整えました。外国ミッション・ボードからの援助に頼るのではなく、自給独立の経済基盤を着々と築きました。外国の伝道団体から離れ、日本人の経営による学校を作り上げました。そのことが地域の信頼を得ます。戦時にもかかわらず、生徒数を飛躍的に伸ばすことになりました。一九三五（昭和一〇）年の創立五〇周年に三一三名だった生徒は、日中戦争のなかでも五〇〇名以上に増え、太平洋戦争になってからは八〇〇名を越えるまでになります。キリスト教学校でありながら、地域の人々から良い学校と認められていたことの証しです。

その結果、北陸女学校は戦争の苦しい時代を生き抜くことができました。中澤の冷静で的確な指導のおかげだと言えます。

同時に、中澤は、金沢にキリスト教学校を建て、支えてきた外国伝道団体を忘れません。感謝の思いを持ちつづけました。一九三五年一〇月一六日、創立五〇周年記念式で、こう述べました。「幸い本校は人種を超越し、異なる言語、風習を忘れて相親しめる内外職員の一致協力により、幾分にても、世界同胞主義の大義を校風の中に発揚し得ることは、本校関係者の一層、反省、自覚して努むべきところと信ずる」（一九三五年「会報」二六号七ページ）。

記念式典に出席した米国長老教会の外国伝道局の代表デトワイラーと、在日本プレスビテリアン宣教師社団の代表ハナフォードに向け、信仰による一致と感謝の意を込めています。すでにこのとき、英米への反感と国家主義が高まっていました。式典では、文部大臣の祝電が披露され、県知事、市長代理が祝辞を述べ、県教育会長、市会議長、県中学校校長代表、小学校校長代表が見守っていました。そのなかで語られたこの式辞は、北陸女学校の方向性を大胆に、また鮮明に印象付けました。

中澤は「どんな場合にも身を慎み、苦しみを耐え忍び、福音宣教者の仕事に励み、自分の務めを果たしなさい」（テモテへの手紙二 四章五節）という言葉に忠実に歩んだのでした。

第8章——教育の姿勢

中澤正七が北陸女学校で働いた四二年七か月は、戦いの連続でした。第一に、学校で宗教教育を禁じられました。これに対して北陸女学校は、各種学校となってキリスト教教育を守りました。同時に、正式の高等女学校と同じような教育の内容と施設を整えました。日本の学校にふさわしい基盤を作りました。第二は、日本が日中戦争から太平洋戦争へと突き進んだことです。キリスト教は敵国の宗教であり、キリスト教学校はこれに通じているのではないかと疑われます。中澤はこの偏見と戦い、学校を支えました。そのすべては生徒を守り、育てるためでした。中澤の戦いの土台には、深い思いやりと愛情がありました。その教育の姿勢を見ましょう。

1　生徒に対して

(一)　厳格さ

中澤はキリスト教の精神に立ちました。学校でも、守るべきものは守るという強い姿勢を示しました。卒業生で、七年間、中澤のもとで教師として働いた山本加志久によると（『おもかげ』一四ページ以下）、中澤は学校行事のなかでも文芸会を好みました。自ら「犠牲」というクリスマス劇の戯曲を書いています。東京専門学校時代にシェイクスピアを学んだ成果でしょう。

「〔劇指導の〕なかでもとくに注意し、厳重に戒められた一項がありました。すなわち、舞台では『神の名』をみだりに呼ぶことを堅く禁ぜられたこと、演劇の中では、『祈り』の形、祈りの場面を絶対に用いることをお許しにならなかったことです」。

宗教改革者カルヴァン以来、改革派教会が大切にしてきた「神にのみ栄光あれ」という伝統を、中澤は受け継ぎました。そのため、祈りのなかで「私たち」という言葉を使わせませんでした。「神のみ前に、私たちという言葉を使うことは、神に対して、はなはだ不遜で僭越千万な表し方で、必ずそれは『私ども』であるべきである」と主張しました。日常、使う言葉であっても、敬虔で厳格な信仰の姿勢を求めました。

その厳格さは授業にも現れます。後に同窓会会長となった大山（旧姓・内藤）徳は「不義な行為、無遠慮な物の言い方、あるいはデタラメな答えをする人があるときは、実に厳格な態度で、とくと注意をなさいました」（同二一ページ）と書いています。

中澤は自分に対しても厳格でした。礼拝の奨励や朝礼の訓示などすべては、予め十分に準備しました。どんなに小さな挨拶をするにも、原稿を作りました。決して弁の立つ方ではありません。

ゆっくり訥々《とつとつ》と話します。けれどもその一語一語は、よく考え、吟味し、選び抜いて準備されたものでした。決まりきった、通り一遍の挨拶ではありません。生徒は「今度はどんな話をなさるのだろうか」と期待して聞いたといいます。よく本を読んでいました。さまざまな書物や雑誌、新聞に目を通します。注目した記事は切り抜き、膨大な資料集を作ります（巻末・表2参照）。聖書には当然、通じていました。それらをもとに思索し、構想を練り、原稿にまとめた上で語りました。

公私の区別も厳格でした。学校で家庭のことを話しません。晩年には、長女と三男、夫人を亡くします。さらに二男も失います。その悲しみの中でも、勤めを休むことはありませんでした。学期の間はもちろん、夏休みでも毎日、飛梅の自宅から上柿木畠まで歩き、学校に顔を出します。夫人が亡くなった日には、入学者の合否を判定する重要な会議がありました。延期すべきかどうか、周囲は騒ぎます。けれども中澤はいつもと変わらず出席し、会議を終えたのです。

(二) 柔和

こうした明確な基本の姿勢を守りながら、中澤は生徒に対して優しく、柔和でした。すでに主幹であった頃より、生徒たちから「平和だこ」、「おとと」というあだ名で呼ばれていたほどです。長尾内留を支えたことはすでに記しました。

大山徳によれば、中澤はめったに生徒を叱りません。注意することがあっても、同級生の前では言いません。本人を呼び出して注意しました（同二〇ページ）。卒業生で北陸女学校の教師になった岡本博子は記しています。

「そうした生徒を先生はお呼びになり、涙とともに静かに話して聞かせられるのでした。キリストが罪ある女と語られた時もこのようであったのでは、などと思われる、やさしい訓戒でした」（同一一三ページ）。

頭ごなしにではなく、心に沁み入るように語り聞かせました。

中澤のもとで、北陸女学校は発展します。戦争中も生徒は増えつづけました。勤労動員などで生徒に収入があることも、魅力の一つだったのでしょう。必ずしも皆が、恵まれた家庭で十分、しつけられていたわけではありません。問題を起こす生徒がいました。中澤の学校日誌によれば、禁止された食べ物を学校に持ち込み、訓戒を受ける者がいました。喫茶店に入り、処分を受けます。無期停学になった者もいます。不祥事が新聞に載ることさえありました。ただでさえ戦争中です。キリスト教学校である北陸女学校には、世間の厳しい目が向けられていました。たび重なる事件で学校の評判は落ちます。中澤は心を痛めたことでしょう。

それでも生徒を威圧することはありませんでした。やさしく諭《さと》します。各方面に説明し、謝罪し、とりなします。事件を起こした生徒が謝りに来ると、「『ああ、わかったか、それはよかった』と言って喜んでくださった」（同一九ページ）といいます。中澤は、「悩みを持つ生徒や卒業生たちには、共に考え、共に悩んでくださった先生」（同一三ページ）でした。「平和だこ」そのものです。だからこそ生徒たちから父と慕われ、親しみを込めて「おとと」と呼ばれたのでしょう。

(三) 生徒への思い

中澤は、生徒たちが学校生活を楽しめるよう心を配りました。主幹として赴任した翌年には、友愛会というクラブ活動の組織を立ち上げます。遠方からの生徒のために寄宿舎を整備し、また建築しました。健康診断や給食を始めて、生徒の健康を守ります。さらに運動をするよう勧め、テニスコートを整備し、雨天体操場を作ります。冬にはスキーを奨励し、道具一式を揃えました。天候が崩れやすく、また寒くて、生徒が屋内に閉じこもりがちになる北陸地方だからこそ、健康のため運動を心がけるよう指導したのです。

自身、山が好きで、生徒を引率して登山に出かけました。鞍が岳に始まり、医王山を夜、登りました。道路も交通も不便な時代に、何度も白山に行き、立山にも二度、登りました。九州への修学旅行では、阿蘇山登山に挑戦しました。黒部渓谷の遡行《そこう》にも、生徒を連れていきました。じつはこれには、危険が伴います。事実、夏休みに黒部に出かけた松谷幸子という生徒は、渡っていた吊り橋の綱が切れて沢に転落し、亡くなっています（『にひしほ』七七ページ）。それでも中澤は生徒たちに、日本の自然の雄大さを味わわせたかったのでしょう。

生徒が学校を誇りに思えるよう、魅力ある制服も作りました。最初は一九二二（大正一一）年に定めた暗褐色の制服です。北陸で最初の洋装の制服で、世間の注目を集めました。それを、一九三五（昭和一〇）年の創立五〇周年の機会に、新しい制服に替えました。中澤が横浜に出張した折り、横浜共立女学校のしゃれた制服に感心し、それを基に制定したのです。これは生徒たちに喜ばれました。今も北陸学院高等学校と中学校の女子生徒に受け継がれています。中澤は生徒たちの感覚に敏感でした。

2　同窓生に対して

中澤は、在学生だけを気遣ったのではありません。卒業生も細やかに配慮しました。同窓会を各地に組織し、充実した同窓会「会報」をほぼ毎年、発行しつづけました。同窓生と学校を結び合わせます。その結果、卒業生たちは学校整備などのため、募金に協力し、北陸女学校を支える大きな力となりました。

㈠　同窓生訪問

中澤は旅行に行くと、各地にいる卒業生と会うよう心がけました。山本が書いています。

「旅行の時は、必ず出発前にその地の卒業生を思い出して、御自分で連絡してありました。ほんとうに筆まめな方でした。行く先々で同窓生に会う、その喜びはまた格別のものがあったようです」（『おもかげ』一八ページ）。

一九四二（昭和一七）年、すでに太平洋戦争が始まっていましたが、夏に中澤夫妻は「満州」、つまり中国東北地方を旅しました。そこにいた二男の道也を訪ねたのです。同時に多くの同窓生に呼びかけ、往復の途中で会っています（一九四二年「会報」三〇号一九ページ以下）。まず日本の敦賀で、中国に渡りハルビン（現・哈爾濱）、新京（現・長春）、奉天（現・瀋陽）で、帰路には朝鮮の京城（現在の大韓民国ソウル）で、その地の卒業生を集め、同窓会を開きました。懐かしい顔がそろって近況を聞き、学校の今の様子を話します。思い出話に花が咲いたことでしょう。学校との間が結ばれ、母校を思う気持が盛り上がります。個人的な旅行の間も、学校のために働きました。

㈡　いたわり

中澤が校長になって三年目、一九二三（大正一二）年九月一日に関東大震災が起こります。東京在住の卒業生の多くが被災しました。とくに鎌倉に住んでいた長谷川豊子は津波に襲われ、亡くなりました。人を助けようとして、自身も水にさらわれたのです。漂流物に挟まれて重傷を負い、それでも三人の娘たちを励まして避難します。しかし傷は深く、末の娘とともに避難先で命を失います。

豊子をしのぶ会が金沢で行われました。そのとき中澤は、温かい心のこもった追悼の辞を述べました（一九二三年「会報」一六号六ページ）。女学生だった時の豊子の姿から始め、卒業して学校と同窓会のために尽くしたこと、結婚して家庭を守り、子どもたちを育てたこと、そして被災し重傷を負いながら、健気《けなげ》に子どもたちに言い聞かせたことなど、熱く語っています。

中澤の同窓生への心遣いは、その晩年になってからも変わることがありませんでした。

内藤徳は、北陸女学校を卒業して附属幼稚園に勤めました。高岡教会の牧師であった大山吉郎と結婚し、高岡の北陸女学校附属第三幼稚園を任されました。夫の吉郎は、財団法人北陸女学校の理事長となり、中澤を支えましたが、一九四一（昭和一六）年、天に召されました。大山徳は、さらに娘の恵子も失います。一九四三（昭和一八）年の夏、傷心の徳は、息子の和雄を連れて中澤の許を訪ねました。そのときのことを書いています。

「先生はいろいろと御注意や御教訓を下さいまして後、私ども親子が家に帰ろうとすると、『あんたも恵子さんを亡くしてお寂しいでしょ』。ポツリと一言、これが、幾度か御体験なさった先生の真の御同情のお言葉であったのです。そして『和雄さん、この夏みかんは美味しいよ』と二個下され、『お母さんに気をつけて……』と玄関の戸を開けて、私どもが門を出るまで、ずっと見送ってくださいました。そのお優しいお心情は、生涯、忘れることのできない思い出となって私ども親子の心の中に残ることでしょう」（『おもかげ』一二二ページ）。

中澤はすでに若い時から、多くの大切な人たちを失っていました。その悲しい経験が、生徒や同窓生をいたわる気持を養ったのでしょう。その慰めの一言が、多くの心の傷を癒し、鮮やかに記憶に残りました。

3　同僚に対して

中澤は生徒や同窓生に深い愛情を注ぎました。その思いは、同労者である教職員に対しても向けられました。

(一)　同労者への配慮

山本加志久によると、北陸女学校時代、給与の他に賞与の制度などはありませんでした。ただ毎年十二月、クリスマスの朝になると、先生たちの机の上に、メリー・クリスマスと書いた白い封筒が置かれました。外国ミッション・ボードからの贈り物を、外国人の先生が配ったのでしょう。

「ある時、そのメリー・クリスマスを入れるとき、静かに〔中澤〕先生が入って来られ、じっと会計さんの手元を見ていられたが、きわめて自然に穏やかな声で、『私のは入れなくてもよいから、先生方に分けてあげてください』とおっしゃいました。言葉数は少なく、無駄口は決しておっしゃらない。が不思議によくそれがかえって反抗できなくなる、それが中澤先生でした」（同一六ページ）。

同労者の教職員に対する中澤の思いやりと、また意志の強さが表れています。

一方、先生に注意を与えることもありました。若い女の先生が目立つ服装で登校してきたとき、中澤はきっぱりと「あなたのその着物は少し派手ですね」と言いました。教師は生徒の前に立ち、教えます。その立場にあるからには、服装についても一定の制限があることを教えたのでした。

中澤はとくに、宣教師である外国人の先生たちに心を配りました。彼らは志を立てて太平洋を渡り、北陸女学校のため懸命に尽くしました。それなのに戦争のため、やむなく、追われるように帰国しなければなりませんでした。その心中を察し、少しでも慰めようとしたのでしょう。校庭に咲いていた花を押し花にして送りました。中澤の優しい心の一端が分かります。

(二) 教頭・草場了を送る

その中澤の思いがもっとも強く表れたのは、教頭であった草場了の葬儀の時でした。

草場は九州、佐賀に生まれ、金沢医学専門学校の薬学科を卒業しました。民間で働いたあと、一九二九（昭和四）年から北陸女学校で化学を教えました。一九三七（昭和一二）年に教頭となり、中澤を支えました。殿町教会（現在の日本基督教団金沢元町教会）の教会員であり、教会の礼拝に連なりつづけました。中澤の右腕となって、戦争中の困難な時代に、北陸女学校のキリスト教教育を守りつづけました。次々と沸き起こる問題を、一つ一つ処理しました。しかし一九四二（昭和一七）年夏にチフスを発病します。肺を冒され、一〇月に天に召されました。

葬儀は講堂で行われ、中澤が、印象深い弔辞を述べました（一九四二年「会報」三〇号九ページ以下）。草場が病床で語った言葉を紹介しています。第一に「すべて感謝です」という言葉を引き、その篤《あつ》い信仰を伝えました。第二に、草場は「重荷を残して倒れました」と語り、同僚の労苦を思いつづけました。第三は「生徒に一目会ってみたかった」という言葉です。最後まで教師として生徒を愛していたと語りました。草場への大きな愛情と、彼を失った深い悲しみがよく表れています。

4 結び

学校は人間の集まりです。校長や教師、職員がおり、生徒がいて成り立ちます。もちろん学校の規則や制度、土地・建物、施設も必要です。運営するには、お金もいります。けれども、どんなに立派な制度や建物、資金があっても、人と人とが信頼しあうことがなければ、教育はできません。中澤はこの信頼関係を重んじました。とくにキリスト教の信仰に立ち、自分を厳しく律しながら、生徒や同窓生、教職員を愛しました。

「イエスは言われた。『「心を尽くし、精神を尽くし、思いを尽くして、あなたの神である主を愛しなさい。」これが最も重要な第一の掟である。第二も、これと同じように重要である。「隣人を自分のように愛しなさい。」律法全体と預言者は、この二つの掟に基づいている。』」（マタイによる福音書二二章三七―四〇節）。

神への愛と人への愛、この二つに、中澤は生きようとしたのです。

第9章——北陸の教会に仕える

中澤正七は北陸女学校に四二年七か月、勤めました。学校は大きく発展します。けれども中澤は学校の運営だけに没頭したのではありません。同時に、北陸地方の教会を支えました。伝道に励みました。北陸女学校や附属幼稚園などで、主キリストの福音を宣べ伝えていきます。そこから多くのキリスト者が生まれます。学校をとおして伝道に努め、地域の教会を助けました。

1　信徒として

中澤は一九〇二（明治三五）年四月に金沢へ移り住みました。北陸女学校の主幹になりました。五月九日には、石浦町、現在の香林坊大和デパートの北隣りにあった日本基督教会金沢教会（今の日本基督教団金沢教会）に入会し、その教会員となっています。

「先生はいかなる天候といえども、日曜日には必ず、朝夕、石浦町教会に出席され、お説教をお聞きでした」（『おもかげ』二一ページ）と、大山徳が書いています。毎週、主の日の礼拝に、それも朝も夕方も出ていました。

山本加志久もまた「先生は実に勤勉な方でした。……教会の礼拝は朝夕とも、欠かされたことはありません。もちろん祈祷会も同様です」（同一五ページ）と記しています。日曜日だけではなく、週日に持たれる祈りの集いにも、出席しました。

当時、金沢教会牧師であった秋保孝次《あきほこうじ》は、このように語っています。「〔中澤は〕一人の信徒としても、礼拝の厳守者であり、夜の伝道集会や、祈祷会にも、支障のない限り出席され、無言のまま、信仰の体温を残して帰られた」（同一〇ページ）。その信仰の姿勢が、多くの人々に影響を与え、信仰の模範となったことがうかがわれます。

北陸女学校の主幹、また校長として、忙しい日々を送っていました。それでも忠実に教会生活を守ります。それだけの時間を取るのは、簡単ではなかったはずです。疲れもあったことでしょう。けれども信仰の基本の姿勢は変えませんでした。むしろ、教会に連なり、聖書のみ言葉の恵みを受けるたびに、務めに励む力を与えられたのでしょう。教会での忠実な信仰生活が整えられたからこそ、北陸女学校を、キリスト教学校として正しく導くことができたのです。

2　長老として

中澤は、日本基督教会金沢教会を支える長老の一人でした。赴任してわずか二か月後の六月、長老の職に就いています。

長老制教会の伝統は、長老会という長老たちの会議が教会の責任を負うことです。教会員である信徒のなかから、長老が選ばれます。この信徒である長老が教会を守り、支えます。重い務めです。牧師もまた一人の長老であり、信徒の長老たちと共に、長老会を組織します。ここで、教会の大切なことが決められます。牧師も、長老会の決議に従います。中澤は、その長老の一人として、教会の責任を担いました。

秋保が書いています。

「中澤長老は、金沢教会四代目の牧師、毛利官治氏の時からの長老である。毛利官治、富永徳磨、長山万治、河合亀輔、鈴木伝助、秋保孝次、および現任の上河原雄吉氏らの、八代《(ママ)》の牧師を助け、終始一貫、牧師の片腕ともなり、教会形成とその伝道のため、多大の貢献をされたのである。金沢教会史に忘れてはならない名長老であった。押しも押されもしない長老であり、徳望と信仰の感化は教会の内外に及んだのである。

いつも教会の代表者であり、しかも無言の指導者であった。……長老会などでも、発言は多くはなかったが、無言のうちにまとめられていた」（同九ページ）。

中澤は長老会のなかでも、とくに指導的な立場にありました。金沢教会に赴任したとき、秋保はまだ若い牧師でした。ある時、経験ゆたかで言葉にも力がある中澤に、礼拝の説教をするよう依頼しました。それに対して中澤は、こう答えました。

「金沢というところは、宗教とその教職に対し、敬畏を持つところです。したがって教壇の説教は、平信徒の説教には飽き足らなさを感じ、教職の説教こそが傾聴されているようです。あなたの都合の悪い時には代わりますから、平常は牧師さんが担当されることが望ましい」（同一〇ページ）。

信徒である長老は牧師を支えます。たとえ若くても、牧師は教会の主キリストから、み言葉を語る務めを与えられています。中澤は信徒の立場を崩しません。牧師の職を重んじました。その重みを秋保に伝え、若い伝道者を励まし、育てました。

一方で、「牧園」という教会の機関誌のコラムに、信仰深い文章を寄せつづけました。教会のためには、労をいとわなかったのです。

3　教会での中澤の立場

中澤は明治学院神学部を卒業しました。東京の教会に、伝道者として赴任しました。彼は牧師という教職だったのでしょうか。それとも信徒であったのでしょうか。

中澤が、神学部を卒業してから赴任した教会と教師職について、『八十年史』五〇ページ、また『百年史』二〇五ページは、「麹町教会の主任」としています。飛梅校地の胸像の碑文には、

「東京麹町教会主任」と刻まれています。

中澤がこの教会の「主任」とされる意味は分かりません。長男・耕一郎は、「明治学院卒業後、植村先生の下で、副牧師として、伝道に従事」（『おもかげ』七ページ）したと書いています。「副牧師」とありますが、日本基督教会の教師制度では、教師補だったと思われます。教師補は、神学校を卒業し、教師・牧師となるために、教会で牧会や伝道の経験を積みながら、牧師検定試験に備えました。言ってみれば、牧師になる準備中の信徒です。だから中澤は、日本基督教会金沢教会の長老になることができたのでしょう。

なお、当時の日本基督教会には「麹町教会」は存在しません。おそらく日本基督教会一番町教会のことと思われます。この教会は一八八七（明治二〇）年三月、植村正久により、日本基督一致教会番町教会として、千代田区三番町五番地で始められました。同年末、麹町区一番町四八番地に移転、会堂を建設して一番町教会となり、一八九〇（明治二三）年には日本基督教会一番町教会となりました。一九〇六（明治三九）年に富士見町六—三に移転、日本基督教会富士見町教会となります。一九四一（昭和一六）年に日本基督教団が結成されてから現在まで、日本基督教団富士見町教会となっています。中澤が伝道者を務めた一八九六（明治二九）年から一八九九（明治三二）年当時は日本基督教会一番町教会でしたが、麹町にあったため、「麹町教会」と呼ばれたようです。同じように、日本基督教会金沢教会も、石浦町にあったので、「石浦町教会」と呼ばれていました。

中澤は、恩師である植村正久が牧会する、東京の日本基督教会一番町教会に、伝道者として赴任しました。けれども結局、牧師にはならず、信徒として、北陸の教会に仕えたのです。

4 伝道者として

中澤は日本基督教会金沢教会の信徒であり、長老でした。教師としての按手を受けて牧師となったわけではありません。けれども神学を学び、教師補となりました。一旦は伝道者の道を志しました。そのため、恩師の植村正久は、中澤が伝道者として立つことを強く望みました。何度も、北陸女学校を辞任するよう勧めています。

北陸学院史料編纂室長の梅染信夫氏の調査によると、中澤が北陸女学校の主幹であったとき、植村は少なくとも五回、金沢を訪れています。初めは一九〇三（明治三六）年四月、日本基督教会伝道局長として、金沢教会と北陸女学校で講演しました。二度目は一九〇四（明治三七）年三月に、伝道集会の講師を務めています。三度目は一九〇七（明治四〇）年一〇月の日本基督教会金沢教会創立二五周年記念会に出席し、伝道集会を行いました。四度目は一九一三（大正二）年九月、最後は一九一五（大正四）年五月に来て、伝道集会をしています。いずれの機会にも、中澤は日本基督教会金沢教会の長老として、また北陸女学校主幹として植村に会っています。中澤が招いたのでしょう。そのたびに植村から、牧師に復帰するよう説得されたようです。

中澤は一九三七年発行の同窓会「会報」二七号四七ページで、次のように記しています。

おそらく三度目の折りでしょう、植村から「女学校は誰かに任せて上京せよと勧められ……ルーサー校長に辞任を申し出た。……後、また出京の際、先生の御意向により、軽井沢〔で〕避暑中のジョンストン校長にも、同様のことを申し出たのであったが、その都度、種々の事情で許されなかった。私は、先生には再三、当地を引き揚げるような御返事をしておきながら、本校の居心地好さに、ついにまたズルズルになってしまった」。

北陸女学校が中澤主幹の留任を強く望んだのでしょう。結局、中澤は辞任を断念します。後には校長となり、その死に至るまで務めを続けることになります。中澤は、本校の居心地の良さのためと語っています。けれども実際には、北陸にキリスト教学校を作ることは重い務めでした。むしろ中澤の表現には、それを神から与えられた使命であるとする召命感が表れています。

中澤が神学部を卒業し、教会での伝道牧会を経験したことは、キリスト教学校である北陸女学校を形づくっていくうえで、大きな力となりました。穏やかな人柄と、生徒や同窓生、教職員への深い愛情、絵画や文学の才能、英語の教養、公立中学校での教師の経験、そして教会の主キリストに対する忠実な信仰と神学の素養、それらはいずれも、北陸女学校の指導者として、得がたい資質でした。だからこそ、歴代の外国人校長は中澤を信頼し、その留任を強く求めました。結局、彼は北陸女学校に一生をささげることになります。

けれども中澤の胸の中には、伝道者の志が生きていました。とくに北陸地方は、仏教の力が強く、教会もキリスト者も少ないところです。そこにあるキリスト教学校は、教会の伝道にとって重要です。校長である中澤は、教会でも貴重な存在であり、戦力でした。

所属する金沢教会に牧師がいない時期がありました。その時、中澤は礼拝で講壇に立ち、説教を担当し、教会を守りました。ほかにも、何度も教会の礼拝で説教をしました。「その説教は、信仰の豊富な霊味の深いものであった」（『おもかげ』一〇ページ）と、秋保は回想しています。

中澤の働きは、金沢教会だけにとどまりません。同じ日本基督教会の殿町教会（現在の日本基督教団金沢元町教会）にもまた、牧師が不在の時期がありました。その時にも、中澤は牧師の務めを果たしました。礼拝で説教をし、さまざまな集会を行いました。

教会への奉仕はさらに、日本基督教会高岡教会や同小松伝道教会にも及びます。また日本メソヂスト金沢教会（現在の日本基督教団金沢長町教会）や同白銀教会、野町教会（現・桜木教会）など、諸教会でも礼拝を担当しました。その詳細な説教原稿メモが、数多く残されています。また北陸女学校附属幼稚園、富山市の同・第二幼稚園、高岡市の同・第三幼稚園のほか、金沢市内のキリスト教幼稚園でも、母の会で聖書を説きました。

中澤は、恩師の植村正久が望んだように、一つの教会の担任教師となることはありませんでした。けれども北陸女学校にあって、北陸地方の諸教会の伝道を支えました。教会の牧師ではなく、地域諸教会の牧師でした。

5 北陸キリスト教史の証人として

さらに中澤は北陸諸教会の歴史の記録者、証人でもあります。それにふさわしい才に恵まれていました。主キリストへの篤い信仰と教会への愛情、資料の重要さを見抜き、文献を読みこなす力、歴史をまとめ、文章にする表現力が備わっていました。賜物を活かし、北陸のキリスト教史を伝える貴重な著作を生んでいます。

(1)『金澤日本基督教会五十年史』一九三〇年

北陸伝道は、一八七九(明治一二)年一〇月に、米国長老教会のトマス・ウィン宣教師が金沢に来たことに始まります。ウィンは直ちに伝道を開始し、一八八一年に、日本基督一致金沢教会を創立します。その五〇年史は、北陸のキリスト教史そのものでもあります。

北陸の教会は、「真宗王国」と呼ばれる地域にあり、厳しい目にさらされました。伝道集会を開けば、妨害を受けます。それでも、福音を伝えつづけ、教会を建ててきました。一八九一(明治二四)年の冬、降り積もる雪に礼拝堂が倒壊したときには、「ヤソが倒れた」とはやし立てられました。半年で再建し、信仰の力を証ししました。歴史のなかで働く福音の力が示されています。

中澤は、忙しい学校での務めの合間に、ひと夏で多くの資料に当たり、この歴史をまとめました。

(2) 『日本の使徒　トマス・ウヰン伝』長崎書店、一九三二年

金沢にキリストの福音をもたらしたトマス・ウィン宣教師の生涯を描いた伝記です。『金澤日本基督教会五十年史』を編纂する作業のなかから生まれました。

ウィンの伝道により、北陸にも教会が次々と建てられていきます。石川県には金沢教会、殿町教会、大聖寺（小松）教会が生まれます。富山県にも伝道は広がり、富山総曲輪《そうがわ》教会（現・富山鹿島町教会）、高岡教会が建てられます。福井県には、福井教会（現・日本基督教会福井宝永教会）が作られました。

ウィンは、こうして生まれた教会に長老会を組織し、日本人牧師を招いて後を委ねました。自身は、大阪から中国へと伝道に向かい、北陸からは身を引いていきます。たまたま、一九三一（昭和六）年に、金沢教会の創立五〇周年記念に招かれ、金沢に滞在します。二月八日、同教会の礼拝中に突然倒れ、天に召されました。

中澤はその生涯を見つめ、教会に仕える基本の姿勢を明らかにしています。

(3)『長尾巻物語　歓喜の聖徒』一粒社、一九三六年

長尾巻は、トマス・ウィン宣教師から洗礼を受けて北陸で最初のキリスト者となった、元・加賀藩家老、長尾八之門の息子です。巻もまた、父に従い、洗礼を受けます。さらに伝道者となります。北陸が生んだ最初の牧師です。

その伝道は順調ではありませんでした。大聖寺での開拓伝道は、町全体から反対を受けます。ようやく築いた教会堂の土台は、川原に投げ捨てられてしまいます。加賀百万石の重役の家系に生まれながら、キリスト教伝道者となったため、極貧の生活を強いられました。家族のわずかな食べ物も、貧しい人々に分け与えます。それでも長尾巻は、福音に生きる喜びにあふれていました。

中澤は、その生き生きとした、北陸の伝道者の姿を描いています。

6　結び

パウロは第二回伝道旅行の終わりに、エフェソ教会の長老たちをミレトスに呼び寄せ、こう語りました。

「どうか、あなたがた自身と群れ全体とに気を配ってください。聖霊は、神が御子の血によって御自分のものとなさった神の教会の世話をさせるために、あなたがたをこの群れの監督者に任

命なさったのです」（使徒言行録二〇章二八節）。

この言葉は、中澤にも当てはまるでしょう。中澤は北陸女学校にありながら、北陸の諸教会に仕え、その伝道のために働きました。どの教会も、キリストの十字架の血によって建てられた尊い群れです。中澤はその全体を愛し、支えたのでした。

第10章　生涯の終わり

一九四四（昭和一九）年一一月一二日

中澤正七が主幹、また校長として勤めた四二年七か月の間に、北陸女学校は大きく発展します。中澤の卓見と優れた指導力のおかげです。中澤は、温厚な人柄でもあり、生徒や同窓生、教職員から信頼され、慕われました。けれどもどんなにすばらしい働きをしても、人の命には定めがあります。一九四四（昭和一九）年には、太平洋戦争が泥沼に陥っていました。そのさなか、中澤の一家を不幸が襲います。自身もまた、この年の一一月、天に召されます。

1　熊夫人の死

中澤は、熊夫人との間に、三男一女を与えられます。けれども金沢で、長女と三男を亡くします。

三男の正澄は、金沢の第四高等学校に入学して間もなく、患い、天に召されました。中澤はこの正澄に、キリスト教の世界で働いてくれるという期待を抱いていたようです。

大山徳が語っています。

「ちょうど御三男様が、四高へ入学されて間もなく、亡くなられました時、お悔やみを申し上げますと、『あれは、教会のお手伝いもできたが、どうも仕方ない』とのお答えで、私は何とも言えぬ感じがしました」（『おもかげ』二一ページ）。

ふだん中澤は、公私の区別に厳格です。学校で家庭について話すことはありませんでした。いつも冷静でした。しかし三男の死はこたえたようです。大山に本心を打ち明けました。

その上、熊夫人が重い病気にかかります。一九四三（昭和一八）年七月以降の日記には、夫人の病状を述べた記事が、毎日のように続きます。夫人は、消化器系の病にかかっていたようです。毎晩のように床を汚してしまいます。その度に中澤は、後始末と洗濯に追われます。

毎日の忙しい、重い学校の仕事をこなした上で、夫人の看病に当たります。戦争は続き、敗色が濃厚です。物資の不足は深刻でした。薬が足りず、医療は十分なものとはいえません。食料も制限され、乏しくなります。病人に特別の食事を与えることは難しくなりました。先の見通しが立たない状態で、夫人の容体は悪くなる一方でした。

一九四四年に入り、正月が明けてすぐ、中澤夫妻は、飛梅の校長宅から、上柿木畠の校内にあった別館に移ります。戦争のため、外国人の宣教師たちは帰国しました。その宣教師館（「別館」と呼ばれていました）に移り住んだのです。学校の仕事と、夫人の看病に当たるためです。

ところが二月一一日、頼りにしていた二男・道也に召集令状が届きます。応じるほかありません。そこで、教職員や同窓生が、夫人の看護を助けました。掃除や洗濯、料理などを手伝います。けれどもその甲斐なく、三月三一日、夫人は天に召されます。四月二日に葬式が行われました。学年末から学年初めの、学校が忙しい時です。慌ただしく葬儀を済ませます。そして五月に、故郷の高知県へ、埋葬のために出かけました。

四五年間、苦楽を共にした、愛する妻が召されたのです。中澤の胸の内には、どんなに深い嘆きが渦巻いていたことでしょう。表面では、妻の死を冷静に受け止めました。妻が召された日には、入学者を決める重要な会議が行われる予定でした。中澤はそこに出席しています。長い看病の日々を経験して、覚悟していたのでしょう。けれども最愛の妻を失った悲しみは、時間とともに増していきます。独り、残された中澤を、教職員や同窓生が支えます。家事などを助けます。けれども、この悲しみが、中澤から、生きる力を次第に奪っていくことになります。

2　二男・道也の死

長女と三男、また妻を見送った中澤に、さらに深い悲しみが襲います。中国にいた二男の道也が戦地で病死したのです。五月一九日のことです。その知らせが、七月二八日になってやっと、中澤のもとに届きます。戦争による混乱は深刻になっていたのです。

夫人の場合は、長い間、闘病生活を送っていました。ある程度、覚悟もできていました。けれども道也の死は突然でした。心の準備ができていません。将来を期待した若い息子の突然の死が、中澤を打ちのめします。学校日誌には、戦死公報の文章や、五日間、忌引きとなることなどが記されているだけです。しかしこの日の日記には、悲痛な思いをつづっています。

「今日は何と言う悲しい日であろう。……電報が机上に来た。たぶん千里《ちさと》〔道也の妻〕が○○に着いた通知だろうと楽しみに開いてみると、なんということだ、我輩にとっては最悪の悲報であった。『道也戦死を悼む……』……戦死が事実ならば、地上の再会の望みはなくなったか」。

そして道也を追慕する文章がつづきます。

「彼は祖国のために奉公したのである。我らのため、十字架にかかってくれたのである。戦死は覚悟の上とは言いながら、あるいは再会の機会があるかと、その時の与えらるることを楽しみ待っていたのである。しかし戦死したとなれば、いかにもさびしい。……瞑想し、黙祷した」。

これにつづき、聖書の言葉を記しています。

「心を騒がせるな。神を信じなさい。そして、わたしをも信じなさい」（ヨハネ福音書一四章一節）。

「わたしは道であり、真理であり、命である」（ヨハネ福音書一四章六節）。

打ちのめされながら、主イエスの言葉にすがります。慰めを求めました。

中澤は、一〇月二九日に敦賀で行われた陸軍の合同葬儀に出席し、遺骨を抱いて金沢に帰ります。駅に迎えた山本加志久は、その時の様子を記しています。

「でもさすがに、次男様を戦争で失われた時は、悲愴でした。遺骨を包んだ白布を胸に抱いて金沢駅頭に立たれたときの、あんなお姿に初めて接した私どもは、本当に胸をちぎられるような想いをいたしました。あの時だけは、常の先生ではなかったような気がします」（『おもかげ』一六ページ）。

3　中澤の死

長女と三男を失い、この年には三月に妻を、五月に二男を亡くしました。道也の死が、決定的な一撃となります。さすがに気丈で冷静な中澤でさえも、生きる気力を奪われてしまいます。

道也の戦病死を知ってまもなく、一一月に入ると、中澤は弱っていきます。吉村、宮岡、津田、岡本などの卒業生や教職員たちが看護に当たりました。けれども教職員は、連日、空襲警報が鳴り響くなか、学徒動員で工場などに送られる生徒たちの引率をしなければなりません。一日中、看取ることはできません。一一月一一日、中澤の容体が悪化しました。四名は、工場の作業が終わると、すぐ学校に駆けつけました。病状は重い腸閉塞でした。しかし中澤は高齢でもあり、体が弱っています。手術は難しいということで、様子を見ることになりました。岡本博子が、最期の様子を記しています。

1944年11月15日、
講堂における
中澤正七校長の校葬

「幸い、その晩は空襲警報もなく、先生は静かに休まれたようでした。真夜中に一度、目をさまされ、私どもをお呼びになり、『みんな、ご苦労でした。さあ、疲れたでしょうから、みんなも休んでください。私も眠りますから』と、御重体の先生から慰めの言葉をいただいたのです。あれが、先生の最後の御言葉になろうとは。夜もそろそろ白みかかってきた頃でした。隣室の先生が、一声、何か洩らされたようでしたので、うとうとしていた私どもは、はっとして先生の許に飛んでいきました。が、その時、先生の御霊《みたま》は、すでにこ

の地上を去られていました。静かな人柄の先生にふさわしい御昇天でした。七十有余年の信仰生活を、きよい聖日の朝、静かに終えて、先生は神のみ許に去られました」（同一三ページ）。

中澤は一九四四（昭和一九）年一一月一二日の午前六時五〇分、天に召されました。七四年九か月の生涯でした。その半分以上、四二年七か月もの歳月を、心血を注いで北陸女学校と北陸の諸教会にささげ、現職の校長のまま、静かに息を引き取ったのです。

葬儀は一一月一五日午後、本校講堂で、学校葬として行われました。上河原雄吉牧師が司式をしました。生徒と教職員、同窓生などが大勢、集まり、中澤を送りました。誰もが、深い悲しみに暮れていました。

4　学校の対応

中澤の死に、北陸女学校には衝撃が走りました。現職の校長が亡くなったのです。それも、事実上、四二年七か月にわたり、学校を指導してきた大黒柱を失いました。しかも戦争のさなかです。日々、情勢は悪化しています。これから日本がどうなるのか、北陸女学校はどうなるのか、まったく見通せません。学校の誰もが不安に慄《おのの》きました。偉大な指導者モーセを失ったときのイスラエルのように（申命記三四章八節）、嘆き悲しみました。

臨時の理事会が一一月二四日に開かれます。すぐには後任の校長を決めることができません。

とりあえず、金沢教会の上河原雄吉牧師を校長事務取扱に立てました。しかし教育勅語誤読事件があり、翌一九四五（昭和二〇）年四月、市川潔に交替します。敗戦直後の一〇月になって、ようやく角田陽六が校長に着任します。

この時の理事会では、中澤校長記念事業を行うことも決定しました。翌年一月にその内容が決まりました。

第一に、中澤が住んでいた別館、つまり旧・宣教師館を中澤記念館とし、その中に中澤文庫を作ることにしました。第二に、中澤の胸像を制作し、校内に設置します。第三は、中澤の伝記を出版することでした。

しかし戦争中でもあり、また敗戦後も混乱が続いたため、胸像の設置と記念文集の出版は、戦後の一九六一（昭和三六）年に実現します。中澤の没後一七年目の一一月一一日に、上柿木畠の校内に胸像を設置しました。その前日、記念の文集『おもかげ　校長 中澤正七先生』が出版されます。いずれも同窓会の熱意と努力によって実現しました。胸像は、一九五二（昭和二七）年、飛梅校地に北陸学院高等学部が移転したことに伴い、新しい礼拝堂、栄光館の前に移設されました。今も同窓会が毎年、中澤召天の記念の日、一一月一二日に、胸像に花を手向けています。なお、さらに二〇一六（平成二八）年には、新しい栄光館の前に移される予定です。

中澤の死から九か月後、一九四五（昭和二〇）年八月一五日に、日本は敗戦を迎えます。軍国主義は一掃され、キリスト教への期待が高まります。またベビーブームにより人口が増えていきます。一九四八（昭和二三）年に北陸女学校は新しく北陸学院となり、大勢の生徒を迎えるようになります。中澤が、苦しい時代の北陸女学校を守り、支えたからこそ、今日の北陸学院があるのです。

中澤の最期の姿は、同窓生と教職員の心に深く刻まれ、記憶に留められています。国語の教師であった江戸さい子は、次のように歌いました（『にひしほ』七九ページ）。

葬場にあふるる嗚咽《おえつ》あとにして出でます柩《ひつぎ》仰ぎ得ざりし
天《あま》つ國仰ぎてわれら残されしきみが教へのあとを守らむ

同窓生の松川艶も、次の歌を記しています（『おもかげ』二二一ページ）。

遠き日のわが校舎《まなびや》に父ありき常に寡黙の優しさをもち

5　主に結ばれて

パウロは語っています。

「あなたがたには、キリストを信じることだけでなく、キリストのために苦しむことも、恵みとして与えられているのです」（フィリピの信徒への手紙一章二九節）。

中澤の生涯は、決して平坦な、楽なものではありませんでした。北陸女学校で、重い課題を担いました。一つは、学校で宗教教育をすることを禁止されたことです。キリスト教への偏見や圧迫がありました。北陸女学校は、キリスト教教育を守るため、正式の学校の地位を捨て、各種学校となりました。けれども中澤は、キリスト教精神を守りながら、学校の教育内容を高め、自立の道を歩んで地域の信頼を得ました。第二は、戦争という苦しい時期に学校を守ることでした。キリスト教への偏見が高まり、英語教育は軽視されました。それでも巧みに批判をかわしながら、礼拝を続け、学校を支えたのです。それは決して、並大抵のことではありませんでした。

それだけの働きをしながら、けれども中澤自身は、地上で報われたようには見えません。戦争は激しくなるばかりでした。キリスト教学校を見る目は冷たく、厳しいものでした。そして自身は家族を次々と失います。長女と三男につづき、妻と二男を次々と失います。その嘆きと悲しみに傷つきながら、北陸女学校と諸教会のために最後まで戦いました。自身は、戦争の終結と平和な戦後、そして北陸学院となって大きな発展を遂げる学校の姿を見ることはありませんでした。それは、四〇年間、荒れ野でイスラエルを導きながら、約束の地に入る直前に召されたモーセの姿に重なります（申命記三四章）。

けれども中澤はその苦しみに耐えました。北陸女学校を守り抜きました。その労苦を土台として、戦後の北陸学院は成長していったのです。中澤が夢見た大学の設置は、一九五〇年の保育短期大学の開学、そして二〇〇八年の北陸学院大学の開学によって実現します。中澤が苦しんだその成果が、大きな実を結びます。中澤はキリストのために苦しみ、そして大きな恵みをもたらすことになります。

「主に結ばれているならば自分たちの苦労が決して無駄にならないことを、あなたがたは知っているはずです」（コリントの信徒への手紙一 一五章五八節）という聖書の言葉のとおりです。

おわりに

中澤正七の生涯について書くよう、北陸学院史料編纂室長の梅染信夫先生から依頼されたのは、二〇一二年の秋でした。若い人たちも読めるようにしてほしいということでした。

資料室に保管されていた、自筆の日記やノート、原稿などをお借りしました。段ボール一杯にもなります。それぞれに、細かい字でびっしりと書き込まれています。また、同窓会が保存していた「会報」も見せていただきました。

なにしろ北陸女学校主幹として一八年七か月、その後、校長として二四年間、務めた方です。多くの重要な働きをされました。膨大な原稿やメモを残しました。その生涯をまとめるのは、容易ではありません。

1 中澤の働き

中澤は、四二年七か月もの長い間、北陸女学校で働きました。それは困難との戦いでした。困難の一つは、学校で宗教教育をすることを禁じられたことです。もう一つは、日本が絶望的な戦争を始め、教会とキリスト教学校を警戒し、圧迫したことです。

中澤は、この重大な危機に直面しながら、精力的に課題と取り組みました。打開の道を探り、方策を立て、実行しました。一つ一つ、問題を克服していきました。

第一に、北陸女学校の教育内容を整え、充実させました。教職員の組織を作りました。その努力が実り、学校として質の高い教育を行います。指定校となりました。

第二に、校地を広げ、校舎を建てます。施設、設備を新しくしました。生徒と保護者にとって魅力のある学校を作りました。

第三に、学校の自給独立を果たします。日本人の、日本人による、日本人のための学校としました。創立四〇周年の際には、ほぼ自主的な募金で、校舎建築や校地整備などを行いました。そして財団法人となります。ここではキリスト教教育を行うと、高らかに宣言しました。

中澤は、日本にあるキリスト教学校とは何か、を問いつづけました。そして時代にふさわしい新しい北陸女学校を形づくりました。それは決して、金沢女学校以来の建学の精神、つまりキリスト教を捨てたのではありません。むしろキリスト教精神を土台に据え、その上に、時代に合わせた、新しい学校の形を編み出しました。

そのおかげで、生徒がわずか三〇名あまりしかいなかった小さな学校が、地域の人々から信頼されていきます。一〇〇〇名近くもの生徒が集まる学び舎へと成長しました。戦後、北陸学院となってからも、市民から「ミッション」と呼ばれ、親しまれています。困難を自覚し、解決に向け、取り組んだからこそ、発展がありました。

「そればかりでなく、苦難をも誇りとします。わたしたちは知っているのです、苦難は忍耐を、忍耐は練達を、練達は希望を生むということを」（ローマの信徒への手紙五章三―四節）という聖書のみ言葉を思います。

北陸女学校の発展は、教会にとっても大きな力となりました。今、石川県にある日本基督教団の教会数は一三です。その過半数の七教会は金沢市内にあります。富山市は三、県全体で九教会です。福井市も三、県全体でも七教会です。石川県、それも金沢市に教会が集中しています。事情は、他教派の教会も同じでしょう。教会が金沢に集中しています。それは、金沢女学校から北陸女学校、北陸学院へと、金沢にキリスト教学校が立ちつづけたからです。

金沢女学校創立以来、一三〇年もの時が流れました。そのなかでも、いちばん苦しい四〇年余りを、中澤が支えました。彼がいたので、北陸女学校は生き残りました。いいえ、神が中澤を送ってくださったからこそ、学校は支えられ、発展して地域に根付きました。教会も支えられました。

この歴史は貴重です。現在の私たちにとって大切なことを教えてくれます。

いま、キリスト教学校は、少子化と、キリスト者教職員の減少に悩んでいます。この現実を見つめ、謙虚に自身を顧みることが求められています。中澤に倣い、まず、地域の信頼を得られるよう、誠実なキリスト教教育に徹したいのです。そのために、大胆な工夫が求められます。そして、諸教会と力を合わせ、キリスト者の教職員を生みだす努力を、絶えず続けたいと願います。

2　主の前に立つ

もちろん中澤もまた、決して完全な人ではありません。若いとき、いろいろな道の間で迷いました。どの道を進むべきか、長い間、悩みました。気が短く、失敗も重ねました。

けれども中澤は、自分の欠点を認め、受け入れました。話をするときでも、意識して時間をかけ、考えます。あれこれ工夫して原稿を準備します。短気を抑えて粘り強く取り組むよう、心がけました。こうすれば、短所も長所になるのです。

その鍵は、イエス・キリストの福音です。パウロが語っています。

「けれども、人は律法の実行ではなく、ただイエス・キリストへの信仰によって義とされると知って、わたしたちもキリスト・イエスを信じました」（ガラテヤの信徒への手紙二章一六節）。

ただ御子キリストを信じさえすれば、救われるというのです。逆に言えば、人がどんなに優れたことをしても、それで赦されるほど罪は甘くないということでもあります。ただ自分の罪を認め、悔い改めて、キリストの十字架と復活の救いを受け入れます。そこに救いがあります。道が開けます。だから、次のように言われています。

「自分に罪がないと言うなら、自らを欺いており、真理はわたしたちの内にありません。自分の罪を公に言い表すなら、神は真実で正しい方ですから、罪を赦し、あらゆる不義からわたしたちを清めてくださいます」（ヨハネの手紙一 一章八―九節）。

中澤は「回顧録」の終わりに、こう記しています。

「我が国の主なる都市にある同〔キリスト教〕主義の女学校が、昭和の機運に乗じて、飛躍的発展をなしているに引き換え、本校はこの数年来、だいぶ立ち遅れの状態となったのは、本県下に公私女学校が続々増設された割合に、本市が発展しなかったためとはいえ、ひっきょう私の不敏不徳の結果と申さねばならぬ。顧みれば、私はただ幻を追うて今日に至り、その十分の一だにも実現されなかった本校の姿を見て、申し訳なく思うのである。されど、本校創立四十周年記念事業や、引き続いて五十周年記念事業の達成を見るに至ったのは、ひとえに本校後援会諸氏その他、篤志家の御同情と、職員および同窓会員諸氏の献身的なお働きのお蔭によるもので、この点は衷心感謝にたえない」（一九三七年「会報」二七号四八ページ）。

中澤は、神の前で謙遜でした。弱さも欠点も、主の前に認め、悔い改めました。だから、神に用いられたのです。迷ったことも、北陸女学校での、主の御用に役立つ結果になりました。欠点は長所へと変えられました。キリストの福音が、中澤を用いて、北陸女学校と諸教会に仕えさせました。

3　結び

今の時代には、中澤の頃とはまた違う困難があります。現在の北陸学院も、決して完全ではありません。多くの課題があります。欠けているところ、足りないところもあります。だからまず主の前に、悔い改めます。自身の姿をあるがまま見つめ、認めます。そこからすべてが始まります。学院の新しい形、姿が見えてきます。

中澤は主の前に謙遜に立ちました。私たちはその姿勢を受け継ぎます。そのことが、北陸学院創立一三〇周年に当たり、与えられた最大の恵みです。そのうえで、創立一四〇周年、一五〇周年へと向かって歩み出していきます。そのために、この小さな書物が、少しでも役立てば幸いです。また、同じ主キリストによって建てられ、同じ志を分かち合う、日本全国の、とくに地方にあるキリスト教学校の参考になればと願います。

本書ができあがるために、梅染信夫室長が働いてくださいました。資料を用意し、事実関係を調べ、助言を与え、そして怠けがちな筆者を激励、督促してくださいました。北陸学院大学幼児児童教育学科の辻直人教授は、原稿を調べ、訂正し、助言をくださいました。北陸学院同窓会の皆さんが励ましてくださいました。また今回も、日本キリスト教団出版局の飯光さんを大いに煩わせました。感謝です。

二〇一五年四月　北陸学院創立一三〇周年の年にあたり

中澤正七

資料・年表・参考文献

図１　金沢女学校から北陸女学校、北陸学院への流れ

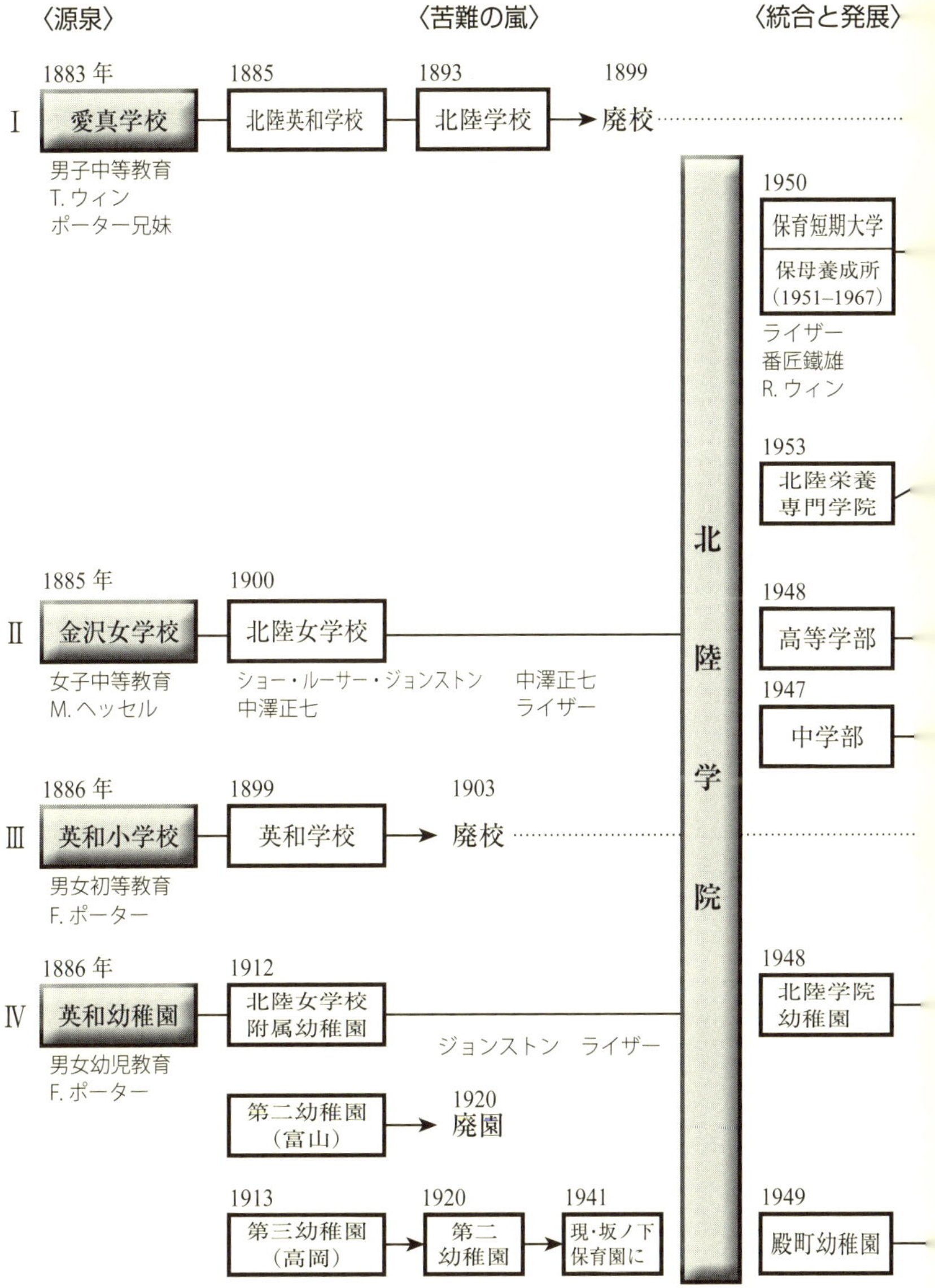

〈新しい出発〉

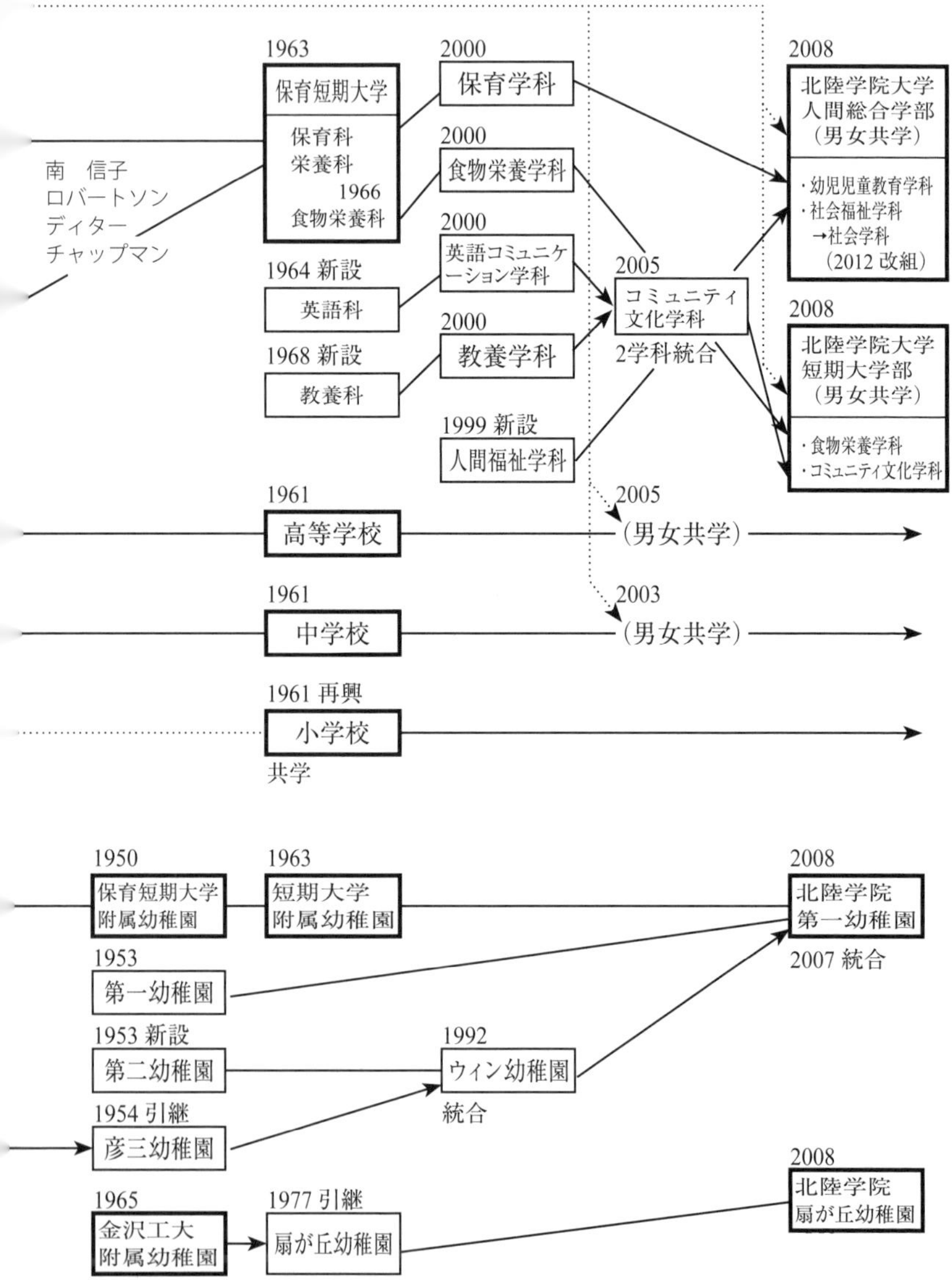

1963
保育短期大学
保育科
栄養科
1966
食物栄養科
南　信子
ロバートソン
ディター
チャップマン
1964 新設
英語科
1968 新設
教養科
2000
保育学科
2000
食物栄養学科
2000
英語コミュニケーション学科
2000
教養学科
1999 新設
人間福祉学科
2005
コミュニティ文化学科
2学科統合
2008
北陸学院大学
人間総合学部
（男女共学）
・幼児児童教育学科
・社会福祉学科
→社会学科
（2012 改組）
2008
北陸学院大学
短期大学部
（男女共学）
・食物栄養学科
・コミュニティ文化学科
1961
高等学校
2005
（男女共学）
1961
中学校
2003
（男女共学）
1961 再興
小学校
共学
1950
保育短期大学
附属幼稚園
1963
短期大学
附属幼稚園
2008
北陸学院
第一幼稚園
2007 統合
1953
第一幼稚園
1953 新設
第二幼稚園
1992
ウィン幼稚園
統合
1954 引継
彦三幼稚園
1965
金沢工大
附属幼稚園
1977 引継
扇が丘幼稚園
2008
北陸学院
扇が丘幼稚園

表1　中澤正七・北陸女学校年表[a)]

（ゴシック体＝中澤関連　　予＝予科、本＝本科、家＝家政科、補＝補習科）

年		年齢	中澤・北陸女学校関連記事	在学生徒数					卒業者
主の年	元号			予	本	家	補	計	
1870	明3	0	**旧暦1月7日、高知県に生まれる**						
1871	4	1							
1872	5	2							
1873	6	3	キリシタン禁令高札撤去						
1874	7	4							
1875	8	5							
1876	9	6							
1877	10	7							
1878	11	8							
1879	12	9	T. C. ウィン金沢着						
1880	13	10							
1881	14	11	日本基督一致金沢教会創立						
1882	15	12							
1883	16	13	愛真学校開校						
1884	17	14							
1885	18	15	金沢女学校開校		38			38	
1886	19	16	英和幼稚園・英和小学校開校		52			52	
1887	20	17	修身科に聖書使用を明記		47			47	
1888	21	18	**明治学院普通部入学**		45			45	
1889	22	19			44			44	
1890	23	20	**東京専門学校文学科入学**		47			47	4
1891	24	21	ヘッセル帰米		47			47	9
1892	25	22			46			46	11
1893	26	23	**専門学校卒・明治学院神学部入学**		29			29	8

1894	27	24	予備科２年を設置	7	12			19	4
1895	28	25	ヘッセル再帰米・召天	9	14			23	2
1896	29	26	**明治学院神学部卒・一番町教会赴任**	13	23	b)		36	3
1897	30	27		11	21			32	2
1898	31	28		4	23			27	2
1899	32	29	**熊と結婚・教会辞任・土浦中学赴任** 私立学校令・訓令第12号、北陸学校廃校		24			24	2
1900	33	30	北陸女学校と改名	3	30			33	3
1901	34	31	6代校長：ショー	5	23			28	5
1902	35	32	**北陸女学校主幹就任** 7代校長：ルーサー	3	28			31	1
1903	36	33	予備科を１年に・英和学校廃校	12	55			67	3
1904	37	34	補習科設置	6	86		6	98	5
1905	38	35	音楽講習科・同窓会報・創立20周年	16	130		3	149	4
1906	39	36	予備科廃止		142		5	147	10
1907	40	37			130		4	134	16
1908	41	38			96			96	19
1909	42	39	8代校長：ジョンストン		74		2	76	27
1910	43	40	創立25周年		56		7	63	29
1911	44	41			55		9	64	15
1912	45	42	幼稚園を附属とする		66		2	68	7
1913	大2	43	4年制高等女学校指定校となる		74		8	82	13
1914	3	44	9代校長：ルーサー再任		71		3	74	15
1915	4	45	技芸科設置・創立30周年		99			99	11
1916	5	46			96	5	2	103	15
1917	6	47			115	21	5	141	21
1918	7	48			123	33	4	160	18
1919	8	49	技芸科を家政科に		136	48	10	194	31

1920	9	50	**中澤、10 代校長に就任**		158	46	9	213	36
1921	10	51			177	71	9	257	42
1922	11	52	校舎増改築・5 年制へ移行・制服制定		242	55	17	314	41
1923	12	53	関東大震災		281	29	13	323	70
1924	13	54			350		11	361	77
1925	14	55	創立 40 周年	c)	344		8	352	60
1926	15	56	新校舎竣工・創立 40 周年事業	c)	395		8	403	8
1927	昭2	57			367			367	64
1928	3	58			381		専攻科	381	70
1929	4	59	補習科を英語専攻科に、 音楽講習科を音楽専攻科に		352		4	356	63
1930	5	60			339		4	343	64
1931	6	61	T. C. ウィン召天・5 年制指定校		289		9	298	79
1932	7	62			261		12	273	75
1933	8	63			259		13	272	81
1934	9	64			306		4	310	48
1935	10	65	創立 50 周年		306		7	313	51
1936	11	66		d)	305		7	312	47
1937	12	67	財団法人となる・御真影奉戴式						71
1938	13	68							71
1939	14	69	鼓笛隊結成・1 回興亜奉公日教練	e)				505	55
1940	15	70	皇紀 2600 年記念						74
1941	16	71	宣教師社団から飛梅校地寄付						91
1942	17	72	英語を随意科目に・教室棟増築	f)				830	134
1943	18	73		g)	842		附設科	848	126
1944	19	74	舞鶴挺身隊・勤労動員　**中澤召天**	h)	735		158	893	157
1945	20		敗戦・11 代校長 : 角田陽六	i)	801		125	926	331

a）1885（明治 18）年度～ 1936（昭和 11）年度は『五十年史』p.390-391 による。

b）『百年史』p.64 の統計表では 1896（明治 29）年が予科 13、本科 13 の計 26 名となっている。本表は『五十年史』に従った。

c）『八十年史』p.110-111 には 1926（大正 15）年までの統計が掲載されているが、1925（大正 14）年と 1926（大正 15）年度の数字が異なっている。本表は『五十年史』に従った。

d）1936（昭和 11）年度～ 1944（昭和 19）年度の卒業者数は、1986 年発行の北陸学院同窓会「会員名簿」による。梅染信夫氏の調査による。

e）『八十年史』p.194 による。

f）『百年史』p.360 による。

g）『八十年史』p.217 による。1944（昭和 19）年 1 月現在の生徒数。但し『八十年史』の統計は、第 1 ～第 5 学年の生徒数を合計すると 842 名となるが、計 848 名としている。

h）『百年史』p.396 による。1944（昭和 19）年度の生徒数統計は、第 1 学年～第 4 学年となっており、第 5 学年の記載がない。それに代わり「附設科」158 名となっている。この年度から、5 年制を 4 年制へ変更し、従来の第 5 学年を附設科としたと考えられる。そこで本表では、本年度の「本科」には第 1 ～ 4 学年の生徒総数 735 を入れ、「附設科」158 名は表中の「専攻科」の欄に記した。『八十年史』p.217 は、「推察するに（昭和）二十年四月から四年制になって、希望者を入れて附設科を設けたのであろう。……他の市内の学校も終戦当時は皆四年制であった」としている。実際には、 4 年制への移行は、前年の 1944（昭和 19）年度に行われたと推測される。

i）『百年史』p.396 による。1945（昭和 20）年度の「本科」には第 1 ～ 4 学年の生徒総数 801 を入れ、「附設科」125 名は表中の「専攻科」の欄に記した。また、卒業者数 331 は、4 年制卒業者 174 名と 5 年制卒業者 157 名の合計人数である。但し、『八十年史』p.218 は、1945（昭和 20）年度の生徒数を、第 1 ～ 4 学年 818 名、附設科 111 名としている。

表 2　中澤正七遺稿・日誌・資料・蔵書

名　称	年月日	主な内容・備考	史料番号
覚書 No.1	1924.5. ～ 1928.2.	幼稚園母の会、金沢教会、同窓会、終業式、始業式等での説教・奨励、校長協議会記録など	05625
備忘録	1928.3. ～ 1930.4.	母の会、野町教会、寄宿舎、女子青年団、金沢教会、富山教会、父兄懇談会等での説教・奨励	05624
覚書 No.2	1930.12. ～ 1932.2.	始業式、修身科、野町幼稚園母の会、専攻科、殿町教会、初週祈祷会等での授業・奨励	05626
覚書 No.3	1931.10. ～ 1934.4.	ウィン記念礼拝、殿町教会、学校礼拝、母の会、始業式、入学式、後援会総会、金沢教会	05627
覚書 No.4	1935.7. ～ 1936.2.	殿町教会、金沢教会、高岡教会、小学校長招待会席、卒業礼拝、小松教会、終業・始業式	05628
講話集	1929 年	始業式、小松町等での奨励	07346
講話集	1910.9.4 ～ 1918.11.3	金沢教会、メソジスト金沢教会、北陸幼稚園教師大会での礼拝説教 15 編	深谷松男氏寄贈
講話集 No.2	1918.12.18 ～ 1922.10.1	金沢教会、殿町教会、市ヶ谷教会、野町教会、夏期修養会での礼拝説教 26 編、2 編欠損	同上 05631
講話集 No.3	1938.4.8 ～ 1939.2.8	入学式、始業式、母の会聖書研究会、講堂礼拝、金沢教会、教育勅語奉読式、明治節、元旦式辞	05632
講話集 No.4	1939.11. ～ 1941.12.	講堂礼拝、金沢教会、母の会、終業・始業式、愛光会、紀元節、臨海・林間生活、朝礼式	05633

説教資料	1916 ～ 1917	新聞切抜他。「基督者と坂本竜馬」、「基督教世界観」、「無信仰の悲惨」、「豚の角煮」など	05629
説教資料	1941.8 ～ 1944.11	講演メモ、雑誌･新聞書写、放送要約など	05634
小遣い帳	1944.1.5～11.7	熊夫人葬儀会計を含む	05618
教科書写	1891 年 9 月	大西祝「心理学」口述を中澤が筆記	05620
蔵　書	1890 年	エドワード･ドーデン著『シェイクスピア』	05619
講演記録	1936.4.3	賀川豊彦講演「長尾巻に学ぶ」	05623
賛美歌集	1941.10		07331
学校日誌	1941.1.1 ～ 1942.12.30	1941.2.13 ライザー・ウィルソン送別会、12.8 校訓発表、1942.5. 大阪・神戸・関東同窓会出席	07515
学校日誌	1943.1.1 ～ 12.27	2.5 巡察官レコード調査・1 年生 3 名餅持参で訓戒、2.22 スキー、3.13 喫茶店入店で 5 年生 3 名訓戒、7.15 処分言渡し 5 名、10.22 行軍訓練	07516
学校日誌	1944.1.1 ～ 11.10	2.17住宅地寄附契約解消、3.30入学志願者458名、7.1植林地除草・薪運び、19宮城遥拝、9.1無期停学1名	07517
個人日誌	1943.1.1 ～ 1944.6.7	1.26 足痛、2.14 腹痛、7.17 熊夫人病状（以後続く）、9.7 軍服ボタン掛奉仕、11.10 白山神社参拝、12.14 女学生挺身隊舞鶴へ、44.1.4 女学校別館へ転居、2.11 次男道也応召、3.31 熊夫人召天、4.2 葬式、5.1 ～四国へ埋葬	05614
個人日誌	1944.6.8～11.9	5.11 市内教会連合礼拝、7 月食料記載続く、7.27 次男道也戦死通知、10.28 敦賀で合同葬	05615

「史料番号」は北陸学院史料編纂室史料番号を意味する。

表3　金沢女学校・北陸女学校校地取得経過

取得年月日	面積	価格	累計	出典1)	備　考
1885(明18) 4.23	330坪 1,090㎡	108円		p.23	日本人名義
1885(明18) 8.4	187.5坪 619㎡ 29.53坪 97㎡ 16.46坪 54㎡ 233.47坪 770㎡	65円	563.49坪 1,859.517㎡	p.23	日本人名義
1886(明19) 2月	土地交換 譲9.33坪 得33.84坪 差引24.11坪 79.563㎡増加	1.5円	587.59坪 1,939.047㎡	p.42	
1886(明19) 5.11	178.35坪 588.555㎡	不明	765.94坪 2,532㎡	p.42	「校地累計765.94坪」より購入面積を推測
1888(明21) 5.11	203坪 669.9㎡	190円	968.94坪 3,197.502㎡	p.46	名義は三野·水登。ヘッセルの友人援助による
1891(明24) 3.31	453.52坪 1,496.616㎡	480円	1,422.46坪 4,702.3㎡	p.53	ケート・ショーの姉の寄付金486円を使用2)
1914(大3) 7.3	352.15坪 1,164㎡	不明	1,774.61坪 5,856.213㎡	p.187-188	3)
					4) 附属幼稚園
1941(昭16) 3.20	2,064.4坪 6,825㎡	寄付	4,301.79坪 14,208.387㎡	p350	5) 飛梅校地

1）出典は『北陸学院百年史』の頁数を示す。
2）買受人は、当初の三野・長尾・青山・水登から、設立者である水登・三野・阪野・阿閉に変更された。
3）『百年史』p.24 の記述によれば、この時点での総校地面積は 2,050 坪 6,780㎡となっている。
4）『五十年史』p.406 によれば、1935（昭和 10）年の時点で、敷地 1,588.15 坪 5,240.895㎡の他に、借地として附属運動場 808 坪 2,666.4㎡があったことになっている。一方、『百年史』p.284 によれば、1937（昭和 12）年 5 月 12 日現在の財団法人寄附行為は、校地を 2,237.39 坪 7,383.387㎡としている。これは、下本多町の附属英和幼稚園の敷地を含むとみられる。
5）附属運動場・寄宿舎敷地・農園として借りていた飛梅町 34 番地の飛梅校地を、在日本プレスビテリアン宣教師社団から寄付されたものである。

表4　金沢女学校・北陸女学校における校舎・施設整備

年月日	名称	面積・坪（㎡）	出典 1)	備考
1884(明17) 10月	ヘッセル塾校舎設置	900坪の借地に建坪64(211)	p.12	金沢区広坂通り93番地
1885(明18) 3.21	私立金沢女学校設置認可時校舎	同上に教室①9坪(29.7)②2.5坪(8.25)	p.17	
1885(明18) 9.2	上柿木畠校地へ移転・校舎新築	330(1089)の敷地に木造2階建瓦葺のベランダ付洋館79.5(262)教室2、寄宿舎室6	p.25-26	金沢区上柿木畠11番地 1,107円
1888(明21) 5.21	婦人伝道者養成棟購入	隣接地203(669.9)・板葺平屋64.5(213)を購入	p.46	後に金沢女子伝道学館となる
1890(明23) 11月	講堂新築	1階教室3、2階礼拝堂	p.52	T. ウィン夫妻の寄付により建設
1891(明24) 12月	本校舎 増改築	本館111(366.3)、教師館70.8(233)を増改築	p.54,71	校舎1,300円、教師館2,300円 2)
1912(明45) 5月	寄宿舎改築	40名収容寄宿舎と教室2	p.176	ケネディー基金による
1914(大3) 7.3	隣接地352坪(1164m^2)購入	26坪(85.8)の家屋改修、作法室・茶室・料理室に	p.187	
1915(大4) 1.15	運動施設 整備	運動場(テニスコート)・雨天体操場70(230)建設	p.187	
1922(大11) 5.15	校舎増改築	寄宿舎移動、新校舎建築1階・講堂、2階2教室、外国教師館建築、校舎改修、外構工事・整備	p.213-214	「四万円余」(「会報」15号p.1-2)創立40周年記念事業 3)

1926(大 15) 6.30	新校舎建設	木造3階建45（148） 1階・理科教室・実習室、 2・3階4教室、図書室 改修、外廊下	p.222-223	12,000円余
1935(昭 10) 10.31	飛梅町運動 場設置	608（2,671）	p.260	飛梅町34番地
1941(昭 16) 3.20	飛梅校地の 寄付を受ける	寄宿舎敷地、附属運動 場、農園の土地2,064.4 (6,825) 建物74 (244.2) を取得	p.350	在日本プレスビ テリアン宣教師 社団より
1942(昭 17) 11.2	皇紀2600年 記念校舎建築	木造2階建120（397） 教室4	p.355	38,179円 4)

1）出典は『北陸学院百年史』の頁数を示す。

2）1891（明治24）年に建てられた教師館は1967（昭和42）年に三小牛校地に移築・改修され、法人本部・小学校職員棟として2014（平成26）年度まで使用された。

3）この校舎新築・改修等は、1922（大正11）年に創立40周年記念事業として行われ、同窓生など多くの日本人の寄付により経費の大半が賄われた。なお、この時建設された外国教師館は1967（昭和42）年に三小牛校地に移築・改修され、ヘッセル館として使用されている。

4）本来、皇紀2600年（1940年、昭和15年）記念事業として、30万円の予算で校舎を全面改築する予定で始まったが、日中戦争が長引き、さらに太平洋戦争も始まったため、計画を大幅に縮小して校舎を建築し、増加する生徒を収容することになった。

表5　金沢女学校・北陸女学校各科設置・改廃状況

1. 予備科 小学校教育補習				
1894(明治27)年 設置　2か年	2. 補習科 英語教育のため	3. 音楽講習科 音楽教育のため		
1903(明治36)年 1か年に変更	1904(明治37)年 設置　2か年	1905(明治38)年 設置	4. 技芸科	
1906(明治39)年 廃止	↓	↓	1915(大正4)年 設置　2か年	
	↓	↓	5. 家政科に変更 1919(大正8)年	
	6. 英語専攻科	7. 音楽専攻科	1924(大正13)年 廃止	
	1929(昭和4)年 設置　1か年	1929(昭和4)年 設置　1か年		8. 附設科
	1941(昭和16)年 廃止	1941(昭和16)年 廃止		1944(昭和19)年 設置　1か年
				1946(昭和21)年 廃止

1. 予備科　小学校教育が不足の者を教育するために設けた。後に小学校教育の普及にともない、修業期間を2年から1年に短縮し、さらに予備科そのものを廃止した。
2. 補習科　英語の学びを希望する生徒に米国人宣教師・教員が教えた。音楽講習科と同様、後に英語専攻科と位置付け、継続したが、戦争激化により、廃止された。
3. 音楽講習科　音楽教育のため、また学校での礼拝奏楽のため、希望する生徒に米国人宣教師・教員がピアノやオルガンを教えた。後に音楽専攻科と位置付け、継続したが、戦争激化により、廃止された。
4. 技芸科　高等小学校卒業者の生徒に裁縫とミシン、さらに造花、生花、料理などを教えた。後に家政科となった。
8. 附設科　1943(昭和18)年に公布された中等学校令の高等女学校規定により、修業年限が5年から4年へと変更され、上級学校進学希望者は4年卒業となった。それ以外の生徒は1か年の附設科に属した。ただしその実態は、戦争遂行のための勤労動員に他ならなかった。

● 参考文献

1. 中澤正七の著作

　1）論文「鎌倉期厭世詩人の理想　西行法師と鴨長明」1893年、北陸学院史料編纂室史料番号【05621】 東京専門学校文学科卒業論文

　2）戯曲「犠牲」【05622】 北陸女学校・クリスマス対話シナリオ

　3）著作

　　(1)『日本の使徒　トマス・ウキン伝』長崎書店、1932年　トマス・ウィン宣教師の生涯を描いた伝記

　　(2)『長尾巻物語　歓喜の聖徒』一粒社、1936年　北陸出身の伝道者、長尾巻の生涯

　4）随想「荊棘の旅」宗教教育調査委員会、1937年【05616】『宗教文学読本2』に所収。トマス・ウィン宣教師夫妻の金沢への旅行

2. 中澤正七の訳書

カーネギー・シンプソン著『人生の事実』日本基督教興文協会、1916年【05617】 恩師・柏井園の校補『八十年史』p.50-51

3. 中澤正七の編纂

『金澤日本基督教会五十年史』1930年

4. 追悼文集

『おもかげ　校長 中澤正七先生』北陸学院同窓会、1961年【02479】

5. 中澤正七を知るための参考文献

　1）『北陸五十年史』北陸女学校　1936年

　2）『歌集　にひしほ』江戸さい子　1949年

　3）新聞投稿　赤井米吉「中澤正七先生」北陸新聞、1952年11月9日記事

　4）『北陸学院七十年の歩み』北陸学院　1955年

　5）『北陸学院八十年史』北陸学院　1966年

　6）『北陸学院百年史』北陸学院　1990年

　7）『北陸学院125年史』北陸学院　2010年

8）「会報」北陸女学校同窓会
9）「1899年から1945年までの日本におけるキリスト教学校の形成　中澤正七の場合（1）」楠本史郎　2014年　北陸学院大学・北陸学院大学短期大学部研究紀要第 6 号所収
10）「1899年から1945年までの日本におけるキリスト教学校の形成　中澤正七の場合（2）」楠本史郎　2015年　北陸学院大学・北陸学院大学短期大学部研究紀要第 7 号所収

楠本史郎《くすもとしろう》

1951 年、東京都に生まれる。
1975 年、東北大学経済学部卒業。
1979 年、東京神学大学修士課程修了。
1979–1981 年、日本基督教団金沢教会伝道師。
1981–1988 年、日本基督教団輪島教会牧師。
1988–2007 年、日本基督教団若草教会牧師。
現在、北陸学院理事長・学院長。

著書
『教会生活案内 1　教会に生きる』（日本キリスト教団出版局）
『教会役員ハンドブック』（日本キリスト教団出版局）
『幼な子をキリストへ——霊性を育む保育教育の理念』（北陸学院大学臨床発達心理学研究会）

訳書
『フォーサイスの説教論』（ヨルダン社）

中澤正七——北陸女学校と北陸伝道にささげた生涯

2015年 8 月20日　初版発行

著者——楠本史郎
発行——日本キリスト教団出版局
169-0051　東京都新宿区西早稲田 2 丁目 3 の 18
電話・営業 03（3204）0422，編集 03（3204）0424
http://bp-uccj.jp

印刷・製本—三秀舎

ISBN978-4-8184-0925-5　C0016　日キ販
Printed in Japan